だいじょうぶ!

— 勇気を出せば、世界はもっと広がる —

伊藤 芳浩:著
（NPO法人 インフォメーションギャップバスター理事長）

F
フローラル出版

*** プロローグ ***

一歩を踏み出す勇気

この本を開いてくれたあなたへ。

今、どんな気持ちでこのページを読んでいるでしょうか？

「自分を変えたい」

「やりたいことがあるけれど、自信がない」

「新しいことに挑戦したいけれど、うまくいくか不安」

そんな思いを抱えているかもしれません。


実は、私もそうでした。

私は生まれつき聞こえません。ほとんど音がない世界で育ち、まわりの人と同じようにコミュニケーションをとることに苦労しました。

小さなころは、遊びに加われなかったり、誤解されたりすることも多く、孤独《こどく》を感じることがよくありました。

でも、あるとき気づいたのです。
「自分が動かなければ、何も変わらない」と。
勇気を出して、自分の思いを伝えること。
うまくいかなくても、別の方法を考えてみること。
挑戦を続けることで、新しい可能性を見つけること。

その小さな一歩が、やがて大きな変化につながるのだと知りました。

この本は、私がTED×TIUのスピーチで伝えたかったことをもとにまとめたものです。TED×TIUとは、「価値のあるアイデアを広める」という目的のもと、世界中で開催されているプレゼンテーションイベントです。さまざまな分野の人が登場し、自分の経験や考えを多くの人たちと分かち合う場でもあります。

私もこの場で、自分自身の経験を通じて「挑戦することの大切さ」や「社会の見えない壁をどう乗り越えるか」について話しました。

スピーチを終えたあと、多くの人から「勇気をもらった」「自分も一歩踏み出してみようと思った」と感想をもらいました。そのとき思ったのです、「このメッセージを、もっと多くの人に届けたい」と。

この本には、私自身の経験や、歴史に名を残した人々のエピソード、そして今を生きるあなたが自分らしく前へ進むためのヒントを詰め込みました。

「自分を変えたい」と思うなら、まずはこの本を読んでみてください。そして、読み終えたとき、あなたの中に「やってみよう！」という気持ちが生まれていたら、とても嬉しく思います。

あなたが踏み出す一歩を、私は応援《おうえん》しています。

伊藤《いとう》 芳浩《よしひろ》

CONTENTS

第4章 発想を変えて、未来を創る

第5章 挑戦しよう！ 新しい扉を開く一歩へ

第1章

みんなと違う私、どうふるまえばいい？

「どうして私はみんなと違うの？」

「自分らしさって、どういうこと？」

「周りと違うことは、いけないことなの？」

こんなことを思ったことはないかな？ 自分とみんなの違いに気づくたびに、こういった疑問を持つことがあるよね。

個性《こせい》がバラバラだから、世界は楽しい

よく大人から「一人一人の個性《こせい》を大切にしましょう」と言われますよね。「個性《こせい》」とは、その人らしさのことです。一人一人の「考え方」「好きなもの」「得意なこと」など、その人ならではの特徴《とくちょう》を指しています。

でも、実際に友達と過ごしたり、自分について考えたりするとき、「個性《こせい》って具体的にどういうもの？」「個性《こせい》があるのは分かったけど、それをどうとらえればいいのか？」と、よくわからなくなってしまうことはありませんか？

だからこそ改めて、個性《こせい》について、一緒に考えてみましょう。

1　個性《こせい》は、私を引き立てるもの

まず、人と違う特徴《とくちょう》を持つことは、どのような形でもけっして欠点にはならないと覚えておいてください。個性《こせい》は、人との違いを生み出し、その人らしさを引き立てるものです。走るのが速いとか、絵を描くのがうまいとか、人一倍やさしいとか、これらはあなたを形づくる個性《こせい》の一部となります。自分が世界でただひとりの人間であり、かけがえのない自分であるためには、個性《こせい》が絶対に必要です。

もし「この個性《こせい》で得したことは、今まであまりないよなぁ」と自身でもどうしたらいいかわからない個性《こせい》だとしても、ある瞬間、良いところへと一気に変わるかもしれない力を隠し持っています。個性《こせい》は、新しいものを創《つく》り出すもとになるものです。あとは考え方次第、使い方次第でしょう。

2　いろんな個性《こせい》が集まると、世の中がもっと楽しくなる!

みんなが同じ顔をし、同じように考え、同じ行動をする世の中になったらどうなるでしょう。全員がロボットのようで恐ろしいと思いませんか?

みんながそれぞれ個性《こせい》を発揮して生きているから、世の中はにぎやかでカラフルになり、そのおかげでバランスがとれているのです。いろんな個性《こせい》が集まり、ぶつかり、まざりあい、新しいものが生まれるからこそ世界はより良く変わっていけるのです。だから個性《こせい》は、あなたにとってもみんなにとっても大切なものなのです。

さて、今度は個性《こせい》について、自分自身や周りの人たちに当てはめて見ていきましょう。

「あなたって個性的《こせいてき》だね」と言われたとき、その言葉の意味を考えてみてください。

それは、ほめ言葉として言われているのでしょうか？　それとも、「みんなと違いすぎる」という意味が込められていますか？　はたして本当にあなたのことを理解して、その言葉は使われているのでしょうか？

まず、大切にしたいのは、「私たちが人を見るとき、その人の一部分しか見ていない」という事実です。もしも学校の友達であれば、休み時間の過ごし方、授業中の態度、登下校中のふるまいなど、その人と一緒にいる時間に見ている部分からしか、相手を判断することができません。1日24時間、ずっとひとりの人間を観察するなんてできません。学校ではずっと一緒にいる友達だったとしても、家のなかでの様子や、趣味《しゅみ》の時間の過ごし方など、私たちの知らない面がたくさんあるのではないでしょうか。

だからこそ、「あの人は個性的《こせいてき》だ」と簡単に決めつけるのは、とても心配なのです。その人の本当の姿を、私たちはまだよく知らないのかもしれないからです。

「どうしてそんなことをするの？」「なぜそういう考え方をするの？」と、みんなから聞かれたことはありますか？　時には、自分の考えや行動が、周りの人と違うことにとまどうかもしれません。それは、私たちが相手のすべてを知らないように、相手もまた、私のすべてを知ることがとても難しいからです。

個性的《こせいてき》という言葉には、良い意味とよくない意味があります。そして、その言葉を使うときは、相手のことを本当によく知ってからにしたいものです。それでは次に、個性《こせい》的《てき》という言葉をさらに深く考えていきましょう。

「個性的《こせいてき》」は、ほめ言葉？

みなさんは「あなたって個性的《こせいてき》だよね」と言われたことはありますか？　この言葉を聞いたとき、うれしい気持ちになることもあれば、とまどってしまうこともあるかもしれません。

「個性的」とは、「独特な特徴《とくちょう》がある」という意味を持ちます。この言葉は、使う人の気持ちや場面によって、ほめ言葉として使われることも、少し嫌味な言い方として使われることもあります。

ほめ言葉として使われる例：

「個性的《こせいてき》」は、「自分らしさがあって素敵」「他の人にはない特別な持ち味が光っている」といった、良い意味で使われることが多い言葉です。例えば、「他の人と同じことをしない」「独自《どくじ》の視点《してん》で物事を考える」など、周りとは違う考え方や才能を持っていることを「個性的《こせいてき》」として認める場合があります。このように、自分らしさが際立っている点を良い点としてとらえてもらえるのは嬉しいものです。

嫌味な言い方として使われる例：

一方で、「個性的《こせいてき》」が「変わっていて周りの人たちに合わせにくい」「みんなと違いすぎるのは問題あり」といった意味で使われる場合もあります。

もしも目立ちすぎて浮いてしまう」「みんなと同じようにできない」といった部分ばか

り見られると、仲間外れにされやすいのです。「個性的《こせいてき》」と言われた人は、ときに周囲からのとまどいや重圧を感じるかもしれません。

実は、私たちは、知らず知らずのうちに「みんなと同じ」「目立たない」ことを大切にしがちです。

例えば：

- **クラスの中で「みんなと同じ」を意識することはありませんか?**
- 遠足などでのお土産は、みんなと同じものを選ぶ
- 好きなアニメを聞かれて、人気のあるものを答える
- 流行っている物を持っていないと不安になる

・「目立たないようにしよう」と思うことはありませんか？
・発表のとき、手をあげるのをためらう
・自分の好きなことを話すのを遠慮する
・みんなと違う意見でも、言わないことにする

これは、日本の社会では「みんなと同じようにふるまって目立たないほうが、きっと問題が起きづらいだろう」と考えられる場合が多いからかもしれません。学校や友達との間で、誰かと違う意見を言った途端、急に強く批判されてしまうことがありますよね。

もしかして、あなたや周りの人たちはこんな風にふるまっていませんか？

1　誰もが、自分らしさを出すのを怖がってしまう

「本当はこうしたいな」
「実《じつ》はこう思ってるんだ」

そう思っても、なかなか言えない時ってありますよね。いつもびくびくして思うように動けなくなり、みんなのまねばかりしてやり過ごす人になっていませんか？　せっかく〇〇が得意なのに、それを表に出しづらくなると、つまらない毎日になってしまうかもしれません。

2　「自分はダメな人間だ」と自分を責めてしまう

この世界に自分と同じ人間はいません。でも、みんなと同じようにできないという理由で、自信をなくしてしまう人がいます。

「私って、ダメな人間なのかも……」

そう思いこんでしまうのは、「みんなと同じじゃないといけない」というまわりからのプレッシャーのせいかもしれません。

3　新しいアイデアや面白い考えが出にくくなる

今まで誰も気付かなかったことを思いつくひらめきは、人間にとってすごい力です。せっかく「新しい」「面白い」ひらめきなのに、言い出しづらいと思わせる社会のなかでは、新しいものや、世の中をより良くする変化が生まれにくくなります。

相手と違う意見を述べることは、相手自身を否定《ひてい》しているわけではありません。相手と私の違いを互いに理解できれば、さらに新しい考え方が生まれるかもしれません。

自分の考えと反対の意見をいきなり出されたら、あなたは思わずムッとしてしまいますか？　あなたの意見は、これまで生きてきた中で周りの人たちに影響を受けた考え方に、自分の感じ方やひらめきを混ぜたものです。そして、それはこれからもどんどん進化していきます。

でも、それは自分と違う意見を知ることができるチャンスだと思ってください。

今のあなたの意見は、周囲の人たちから影響《えいきょう》を受けて作られてきたものです。ここでさらに、自分では気づけなかった視点や考えを取り入れれば取り入れるほど、あなたの考える力は進化していきます。

出された反対意見に対し、むやみに反発する必要も、逆に自分の意見を曲げて相手の意見を１００％受け入れる必要もありません。

「私と違った視点を持つ人には、私の意見がピンとこないのか」

「私の意見がうまく伝わっていないだけかも。言い方を変えてみよう」

「私も相手も納得できるような意見はあるかな」

などと、冷静に受け止めてみましょう。自分が感じたこと、ひらめいたことを加えながら考えをまとめていくのです。そうしてお互いを思いやりながら意見を出し、理解を深めていく姿勢が、あなたを大きく成長させてくれますよ。

互いの個性《こせい》を理解し合えば、もっと仲良くなれる

私の個性《こせい》も、みんなの個性《こせい》も認め合うことが大切です。相手の個性《こせい》を受け入れることで、自分の個性《こせい》もまた相手に受け入れられます。そうして、自分とは違う考え方や感じ方をする相手のことを深く理解すると、自分の個性《こせい》がどのようなものか、また人からどう見えているのかを知る機会にもなります。

ここで、いくつかのエピソードを見てみましょう。

ケンジさんは、幼いころからユニークな絵を描く子として知られています。ある日、美術の授業でケンジさんの絵を見たクラスメイトのタケオくんが、「なんでこんな色を使ったの？」と興味津々《きょうみしんしん》にたずねました。最初は戸惑《とまど》っていたケンジさんでしたが、「この色を使うと、この部分がもっと面白くなると思ったんだ」と答えると、タクヤくんは「へえ、そんなふうに考えてるんだ！面白いね」と笑顔で返してくれました。

それを聞いていた他のクラスメイトたちも、「ケンジくんの絵って、いつも不思議《ふしぎ》で面白いよね」「その発想、すごいな！」と声をかけ始めました。友達の関心が高まる中で、ケンジさんは自分の絵について話す機会が増え、だんだんと自信を持てるようになりました。そして、クラスのみんなも「みんな違っていいんだ」ということを自然に感じるようになり、教室の中がもっと明るく楽しい雰囲気《ふんいき》になりました。

もちろん、個性《こせい》は絵を描く才能だけの話ではありません。見た目の違いもまた、個性《こせい》を形づくるひとつです。

小学4年生のカオリさんは、歯並びを治すために最近、歯列矯正器具《しれつきょうせいきぐ》をつけはじめました。しかし、歯の表面にある金属のワイヤーと白い小さなブラケットが目立つので、休み時間にクラスメイトから「ロボット口《くち》」とからかわれてしまうようになったのです。

そんなある日、担任の先生がクラスのみんなへ「矯正器具《きょうせいきぐ》をつけている姿をからかわれたら、その人はどんな気持ちになるのか想像したことはありますか？　自分が矯正器具《きょうせいきぐ》をつけていたら、どうでしょう？　矯正器具《きょうせいきぐ》は健康な歯並びのための大切な医療《いりょう》器具《きぐ》です。からかうのはよくないことだと分かりますよね」と話をしてくれました。クラスメイトたちは、そこでやっとカオリさんが悲しい思いをしていると知り、からかうことをやめました。

また、本当はカオリさんとおしゃべりをしたかったのに矯正器具《きょうせいきぐ》をからかってしまったクラスメイトのひとりは、カオリさんの外見だけでなく、もっといいところを探してみようと思いました。すると、彼女がいつもていねいに教室の掃除《そうじ》をしていることに気づき、一緒に掃除《そうじ》をしながらやり方を教えてもらい、仲良くなることができたのです。

ほかにも「なかなか友達同士の話に加われない、おとなしく内向的《ないこうてき》」といった〝性格〟、「ひとり親の家庭なので、親について話すことに抵抗《ていこう》がある」などの〝家族の事情《じじょう》〟、「修学旅行の費用を準備できない」のような〝お金の事情《じじょう》〟。このような、その人が持つさまざまな特徴《とくちょう》や事情《じじょう》が、一人一人の「その人らしさ」をつくっているのです。個性は、生まれつきの特徴だけでなく、育った環境や周りの人の影響でも変わっていきます。

クラスでひとりだけメガネをかけている子がいたら、つい「メガネの子」と呼びたくなるかもしれません。しかし、その子にはメガネ以外にもたくさんの特徴《とくちょう》、個性《こせい》があります よね。

走るのが早い子に「チーター」、字をきれいに書ける子に「筆ペン」とあだ名をつけたら、どうでしょうか？相手の長所を褒めてるのだから良いあだ名だと思いきや、「なぜ動物や物に例えるの？」と相手は嫌がっているかもしれないのです。

短いひとことや表面的な特徴《とくちょう》だけでは、人の深いところまで理解し説明することはできませんし、それ以上に、相手の気持ちを大切にする必要があります。

簡単なあだ名で決めつけたり距離を置いたりして、人の魅力《みりょく》を見逃していたとするなら、気づいてもらえない人、気づいてあげられない人、どちらにとってももったいない話ですよね。

私の個性ってなんだろう？

あなたは、友達のことをどこまで分かっているか、考えたことはありますか？　「メガネの子＝勉強ができる」「運動が苦手《にがて》な子＝家でゲームばかりしている」など、表面上の特徴《とくちょう》から人のイメージを勝手に決めつけてはいないでしょうか？

その子とよくよく話をしてみると、実際は「メガネをかけていても、勉強は苦手でテストの点数があまり良くない。しかしゲームはとても上手」「体育の授業で活躍《かつやく》できないから、運動はすべて苦手《にがて》だと思われているが、実は海での素潜《すもぐ》りは大得意《だいとくい》」といった別の顔に気づくかもしれません。

人をひとつの特徴《とくちょう》だけで決めつけることは、「ラベル付け」とか「型にはめる」と言います。この2つを合わせて、「**ラベハメ**」ということにします。そして、この「**ラベハメ**」をしてくる人は、まわりの人の本当の姿を見逃してばかりなのです。「**ラベハメ**」＝「〇〇な人と決めつけること」として覚えておきましょう。

「**ラベハメ**」の危険性は、自分自身に**ラベハメ**をしてみると分かりやすいですよね。

1　自分のことをたったひとことで表すとしたら、どんな言葉だと思いますか？

2　1以外の、自分の主な特徴《とくちょう》、個性《こせい》は何でしょうか？　例えば、友達に優しい、絵を描くのが好き、など、どんなことでもいいので、自分のいいところを3つ以上探し、はっきりと挙げてみましょう。

3　近くの友達にもラベハメを試し、続けて友達のいいところを3つ以上見つけていきましょう。

人をひとことで表現するのはとても難しいものです。自分や友達のいいところをたくさん挙げれば挙げるほど、最初にひとことで表してみた「**ラベハメ**」からイメージがどんどん離れていくことに気づくことでしょう。

表面上の特徴《とくちょう》だけを見て「君は○○なんだね、個性的《こせいてき》！」とひとことで片付けたくなるときはよくあるでしょうが、そこで相手をそれ以上に理解しようとする気持ちがだんだん消えていってしまいませんか？

たしかに、ひとりの個性《こせい》をとことん理解《りかい》するのはとても難しいのです。それなりに時間もかかるから、面倒《めんどう》に感じるかもしれません。

でも、相手のことを一瞬ですべて分かったつもりにならず、じっくり相手を知ろうとする気持ちをずっと持ち続けると、人と人との関係はもっと豊《ゆた》かになります。

相手の背景に隠れていたいろんなものが見えてきて、それらをまとめて分かり合える。そんな友達とは、これからも長く楽しい時間を過ごせるようになるはずです。

この「互いを**ラベハメ**せず、きちんと理解しあう」やり方が、自分から隣《となり》の人へ、さらにその隣《となり》の人へと順々に伝わると、最後には世界中の多くの人が個性《こせい》を理解し合い、過ごしやすい社会へときっと変わっていくでしょう。

個性《こせい》を大切にしたまま、みんなと仲良くできる？

ひとりひとりの個性《こせい》を見出し、大切に思う毎日を願うと、次にこんな疑問が浮かんできませんか？

「みんなが自分らしさを出すばかりで、果たしてみんな仲良くできるのか」

自分の個性《こせい》をありのままに主張し、相手の個性《こせい》をそのままに受け入れると、全員でなにかひとつのことを決めるときに意見がまとまらなさそうですよね。

ここで考えてみたいのが、「多数決《たすうけつ》」です。

全員の方向性《ほうこうせい》を、多くの人たちが選んだほうに定めて進める「多数決《たすうけつ》」は、たしかにより多くの人たちが満足する選び方です。けれど、間違いやすいのが「多数が選んだほうが、社会的に正しい」と考えてしまうこと。

はたして、多数はいつだって絶対に正しいと思いますか？　多数決《たすうけつ》のいいところと気を付けたいところを見ていきましょう。

多数決《たすうけつ》のいいところ

- たくさんの人の意見が取り入れられ、たくさんの人のやりたいことをかなえられる
- たくさんの人の意見をまとめる際、多数決《たすうけつ》ルールで素早《すばや》く結論が出せる

多数決《たすうけつ》で気を付けたいところ

- 少ない人たちの意見が取り入れられない
- 大勢が選んだ選択が、必ずしも「正しい」とは限らない

多数決《たすうけつ》では取り入れられなかった少ないほうの意見は、そのまま切り捨ててしまっていいのでしょうか？　多数決《たすうけつ》で決めたことで、嫌な思いをする人はいませんか？　少ない人たちが挙げた意見のなかに、面白いアイデアが出ているかもしれません。そして、多数決《たすうけつ》の結果に取り入れなくても「人によっては、こんな考え方があるのか」と、ものの見方の違いを学ぶいいチャンスとなります。

さらには少数の人にとって大事なことが、多数派《たすうは》にとって都合《つごう》のよいことのために、我慢を強いられている犠牲になっている可能性もあります。

ひとつ、多数決《たすうけつ》の例を出してみましょう。

クラスで遠足の行先《いきさき》を決めることになりました。行先《いきさき》の二大候補は、遊園地《ゆうえんち》と科学博物館《かがくはくぶつかん》。全員で同じ目的地に行く条件のため、生徒たちの多数決《たすうけつ》で遊園地《ゆうえんち》に決定しましたが、科学博物館《かがくはくぶつかん》を選んだ人も少しいたので、先生が生徒にこう伝えました。

「今回の遠足は、多数決《たすうけつ》で決まった遊園地《ゆうえんち》に決定です。でも科学博物館《かがくはくぶつかん》にも行けるように、別の日に行きたい人で行く計画を立てるのはどうでしょうか？」

科学博物館《かがくはくぶつかん》を選んだ少数の生徒たちのやりたいことを、少しでもかなえられるよう提案したのです。

なぜ、先生は多数派《たすうは》が出した結論だけを取り入れることなく、少数派《しょうすうは》の意見について、みんなでもう少し話し合う機会を作ったのでしょうか？

実は、科学博物館《かがくはくぶつかん》を選んだ人には、「私はすぐ車酔《くるまよ》いしてしまう体質で、乗り物が苦手だから遊園地《ゆうえんち》は避けたい」「学校のみんなで行くなら、科学博物館《かがくはくぶつかん》のほうが勉強のしがいがあるはず」などの理由を挙げていました。

対して遊園地《ゆうえんち》を選んだ人たちは「遊びたい！」だけでなく「みんなが学校とは違う顔を見せてくれる。友人関係が深まって、今後の学校生活がより楽しくなるはず」という主張があり、それも大いに納得できる理由でした。

でも、「乗り物に乗れないクラスメイトは、遊園地《ゆうえんち》を楽しめない」とみんなが事前に知っていたら？

とはいえ、それを理由に多数決《たすうけつ》のルールを守らずに、行先《いきさき》を科学博物館《かがくはくぶつかん》に決めてしまったら、「遊園地《ゆうえんち》のほうが楽しかったに決まってる」「なんのための多数決《たすうけつ》だったのか」と多数派《たすうは》から文句が出るでしょう。

こうした場面を何度か経験《けいけん》すると、「考え方、感じ方、生き方が大勢とは少し違う個《こ》性的《せいてき》な人は、少数派《しょうすうは》になりやすい」と気づくのではないでしょうか。

物事を多数決《たすうけつ》で決めると、少数派《しょうすうは》の意見が反映されにくくなります。なぜなら、どれほど個性的《こせいてき》で貴重な意見であっても、多数派《たすうは》の意見とひとつにまとめるのは難しく、最終的に採用される可能性が低くなってしまうからです。

それでも、多数派《たすうは》も少数派《しょうすうは》もみんなが意見を出し合った上で、互いの立場を考え、仲良く話し合ってから結論を出す「多数決《たすうけつ》」であってほしいと思います。

ここで、多数決《たすうけつ》のシーンに沿って、自分ならどうするか少し想像してみましょう。はっきりとした正解はありませんので、どうぞ自由に考えてみてください。

学園祭《がくえんさい》に向けて、クラスごとの展示内容を決めることになりました。候補として挙がったのは、理科の授業で盛り上がったスライム作りや色が変わる実験などの「化学変化《かがくへんか》」をテーマにした展示、人気小説家の紹介に加えてオリジナルのブックカバー作りをする「文学系」の展示。そして、ごく少数ですが、ヒップホップダンサーを紹介し、ダンスのデモンストレーションをしたいという意見もありました。意見がほぼ半々に分かれ、さらに少数派《しょうすうは》の希望もあるため、なかなか方向性が定まりません。

1　もしも自分の意見が少数派《しょうすうは》なら、どうしますか？　最初からあきらめてしまうタイプ？　それとも、みんなを説得し、多数の票を獲得しようと頑張るタイプですか？

2　自分の意見が多数派《たすうは》なら、少数派《しょうすうは》の意見はどのように取り入れればいいと思いますか？

3　ひとつの意見を無理やり通そうとすると、どんな問題が起きると思いますか？

「大切だ」と思う気持ちを考える

多数決《たすうけつ》は、学校のなかだけでなく、大人になってもよく使われる手段です。

ひとり一票の決まりは、たしかに平等。でも、多数派《たすうは》と少数派《しょうすうは》とで対立しがちなのは、社会のニュースを見ているとよく分かりますよね。

さらに言えば、多数派《たすうは》の人たち一人一人の考えをよくよく見ていくと、「これが大切だな」と思うポイントは各人で少しずつ違っている場合もあります。たまたま多数派《たすうは》と同じ結論《けつろん》を望んではいたけれど、その結論《けつろん》にいたるまでの考え方は一人一人まったく違う可能性《かのうせい》もあるのです。

なぜなら、「これが大切だな」と思う気持ちは、周りの人が大切にしたいもの、みんなが大切に扱っているものを知れば知るほど、変化していくからです。

折り紙が得意な友達がいると、「1枚の紙から鶴《つる》、花、紙飛行機が作れるなんてすごい。今度きれいな紙を見つけたら、取っておいて友達にあげよう」と紙を大切に扱うようになるかもしれません。友達のおかげで、気持ちが変化したのですね。そんな風に、今まで出会ってきた人たちや物事の違いによって、大切にしたいものも人それぞれ違いますし、これからも新たな出会いによってどんどん変わっていくでしょう。

著者の私自身も、このことに気づいたある出来事があります。

私が小学5年生のとき、図書委員長をしていました。図書新聞を作ることになり、「おすすめの本」を紹介するコーナーを企画しました。委員のみんなに「おすすめの本」を聞いていくと、

「推理小説が好き。謎解きをしていくのが楽しいから」

「歴史の本が大好き。昔の人の物語を知るのが面白い」

「動物の本！　生き物のことを知れば知るほど、もっと知りたくなる」

「冒険の本。主人公と一緒に冒険している気分になれるから」

「私も、冒険の本が好き。いろんな方法で困難を乗り越えていくのが、かっこいいから」

と、みんなそれぞれ違う本を紹介してくれました。そして、その本が好きな理由も、

一人ひとり違っていたのです。このとき私は、人はそれぞれ違う環境《かんきょう》で育ち、違うものに興味を持ち、違う理由で何かを「好き」になるのだと気づきました。

だから、多数決《たすうけつ》で決まったことでも、その理由は人それぞれ違うかもしれません。そして、少数派《しょうすうは》の意見の中にも、とても大切な考え方が含まれているのです。

例えば、家族がよく「ありがとう」と言う家に育つと、感謝《かんしゃ》の気持ちの大切さが自然と身に付きやすくなります。

学校で理科の先生が楽しい実験をしてくれたら、「科学は大切だ！」と思う人が増えるでしょう。

絵を描くのが好きな友達といると、「絵を描く時間はとても大切なんだ」と気づかされます。

テレビや本で環境《かんきょう》問題を知ると、「地球を大切にしなきゃ」と視野が広がるきっかけになるかもしれません。

困っている人に手を貸して温かい感謝《かんしゃ》の言葉をもらえたら、「人を助けることができてよかった。やはり人助けは、すてきで大切だな」とあらためて気づくことができます。

人とのつながりでいうと、動物好きな人たちが集まると「動物が大切」という共通点があり、すぐに仲良くなれますよね。

また、最初は別の理由で仲良しになった人たちでも、いちど「大切なこと」を分かち合える関係になると、新しい興味が広がることがあります。

例えば、動物に興味がなかった友達でも、動物の可愛さを伝えることで、動物好きになるかもしれません（ただし、「どうしても動物は苦手」な人に動物を好きになってもらおうと無理に言うと嫌がられてしまいますので、「誰もが動物好きになれるわけではない」と気づくことも大切です）。

また、「自分は宿題をきちんとやることが大切だと思っているけれど、友達は部活動の練習を優先するのが大切だと思っている」という場合があるかもしれません。そうしたとき、自分が「まず宿題をすることが大切だ」と伝えたら、友達は「私は、今は部活動の練習をするのが大切だと思う」と返してくるでしょう。

では、「自分が大切だと感じることを相手に伝え、相手からも大切にしていることを聞く」、そんな「大切だ」と思うことについての話し合いを上手に進めていくにはどうすればよいでしょうか?

ただひたすら「私はこれが好きだから」「私にとって都合がいいから」と主張するだけでは、互いの気持ちを理解し合うことは難しいです。

まず、自分にとって得になる理由は、二つ目にとっておくこと。そして、自分が「好きだな」と思えるだけでなく、本当に「大切だな」と思えるものを探るところから始めてみましょう。

1　あなたが「大切だな」と思うことを挙げ、それがどうして大切なのか、その理由を深く考えてみましょう。
2　友達とお互いの「大切だな」と思えるものを伝え合い、もし考えが違っていたら、その時自分はどんな気持ちになるか、考えてみましょう。
3　友達が、どうしてそれを「大切だな」と思ったのか、友達の気持ちになって理由を想像してみましょう。

もちろん、「大切だな」と思う対象《たいしょう》は、もの、趣味、行動、人、なんでもかまいません。

同じテーマだとしても、大切にしたいものは、人それぞれ違うことが多いでしょう。

でも、相手が大切にしたいものを知ったら、「これからは私もそれに興味を持ち、大切にしてみようかな」「友達を応援するなら、友達が大切にしているものも応援したいな」という気持ちが生まれてくるのではないでしょうか？

「大切だな」の話し合いが難しければ、まずは「得意なこと」「どうしても苦手なこと」「好きなもの」「嫌いなもの」、それらを互いに伝え合うところから始めてみましょう。きっと自分とは違う答えが返ってきますが、それでいいのです。

ここでは、話し方や伝え方が上手とか下手とか、あまり関係ありません。とにかく様々な人と話して、相手の考えを知っていくことが大切です！　すると、「みんな違って、みんないい」という言葉の意味が分かってくるでしょう。

ネルソン・マンデラさん流の「みんなちがって、みんないい」

人は誰でもみんな、得意なところと不得意なところがあり、人によって違います。それぞれ違いがあっても、みんなかけがえのない素晴らしい存在なのだと教えてくれる一文が、「みんなちがって、みんないい」です。これは詩人の金子みすゞさんが、みんなへ伝えたい思いを込めた言葉です。みすゞさんは、やさしい言葉で大切なことを伝える詩をたくさん書いた人です。

この考え方は、もちろん金子みすゞさんだけのものではありません。

私もこんなふうに感じたことがあります。

小学3年生のとき、いろいろな場所から人が集まるキャンプに参加しました。そのとき、みんなが考えていることや話すことが、それぞれ違っていてとても驚きました。自分が通う学校でいつも会っている人たちとは、発想から何からまったく違っていたのです。でも、その違いがとても面白くて、「みんな違うからこそ、互いに学ぶことがあるんだな」と思えたんです。

あなたは、ネルソン・マンデラという人を知っていますか？

彼は南アフリカという国で、とても大切なことを教えてくれた人です。

マンデラさんが若かったころの南アフリカでは、肌の色によって人々が差別《さべつ》（ちゃんとした理由がないのに、「違い」を理由にしてその人を断ったり、ほかの人より悪い扱いをしたりすること）されていました。

白い肌の人たちが黒い肌の人を大切にしない、悲しい社会です。

マンデラさん自身も肌の色は黒く、差別《さべつ》され、虐待《ぎゃくたい》（相手にひどいことをしたり、ちゃんと大切にしなかったりすること）される側の人間でした。

けれども、マンデラさんは「それはおかしい！」と思い、「肌の色が違っても、みんな同じ人間です」との考えを広める活動に力を入れました。すると、そのために彼は27年間も、ろう屋に閉じ込められてしまったのです。

長い時間をろう屋で過ごしたマンデラさんでしたが、彼は怒《おこ》らず、ろう屋での時間を使って、自分なりの「大切なこと」を考え続けました。ろう屋から出たとき、マンデラさんがしたのは「自分をろう屋に入れた人たちを許す」ことでした。

そして彼は、このように言いました。

「憎《にく》しみによって、憎《にく》しみを消すことはできない。愛によってのみ、憎《にく》しみを消すことができるのです」

すごいですよね。

自分を傷つけた人を許すなんて、とても難しいことです。けれども、マンデラさんは「みんな見た目も考え方も違う、でもみんな大切な人たち」と本当に信じていたから、彼の活動に反対していた人をも許せたのだと思います。

その後、マンデラさんは南アフリカの大統領《だいとうりょう》になり、白人も黒人も平等《びょうどう》になる社会に変えていきました。

マンデラさんが大統領官邸《だいとうりょうかんてい》に引っ越した時、白人の警備員《けいびいん》たちが「もう僕たちはクビになるのでしょうか?」

と心配そうに聞きましたが、彼はこう答えました。

「みなさんの仕事は大切ですから、これからも一緒に働きましょう。私たちはひとつのチームなのです」

マンデラさんは、肌の色に関係なく、みんなのいいところを見つけて活かそうとしました。マンデラさんならではの「みんなちがって、みんないい」のお話から、気づけることがたくさんありますね。

1　人を見た目だけで判断《はんだん》しない

外見を含め短時間で得られる相手の情報は、ほんのわずかです。どんな人なのかは、じっくり話をしてみないと分かりません。

「外見は怖《こわ》そうだけど、じつはやさしい」

「無邪気《むじゃき》そうな顔をしているけれど、かなりずる賢い」

と、外見の印象《いんしょう》と中身の性格が違う人はたくさんいますよね。「こういう外見の人は、きっとこういう人に違いない」と、かたくなに信じてしまっている自分のカラを破るためにも、人をぱっと見で決めつけないようにしましょう。

2　互いの違いを認《みと》め合い、大切にする

自分と考えが似ている人、同じものが好きな人ばかり集まれば、もめごとも少なく安

心して過ごせるでしょう。

では、自分と考えが違う人、違うものが好きな人がそばにいたら？　それはそれで、「そんな考え方をするのか」「どうしてそっちが好きなんだろう」と、違うものの見方からの考えに良い刺激を受けることができるのです。自分とは違う考えを持っている人、自分とは違う感じ方の人と話し合うのは、思ったより面白いかもしれませんよ。

3　みんなのいいところを見つけていく

いろいろな人と出会うなかで、「考え方が違い過ぎて、私にはどうにも理解できない！」という人が登場したとき、わかろうとするのをやめてしまったことはありませんか？　考え方や好みが違うと、その違う部分ばかりが気になって、「かかわりたくない」と思いがちです。でも、違う部分もまた、その人の一面でしかありません。ほかの面には、別の表情や考えがまだまだ隠《かく》れているかもしれません。

4　許すことが大切

自分が嫌なことをされたら、つい「相手にも嫌なことをし返そう」と考えてしまう。

やり返したい気持ちはとてもやっかいなものです。

例えば、あなたがうっかり転んで相手の体に当たってしまい、それで相手が怒《おこ》ってあなたをたたいたとしましょう。あなたは「わざと当たったわけじゃないのに、たたかれた」と怒《いか》りが収まらず、相手は「でも、あなたが私にぶつかってきたのは事実でしょう」と、たたき返すのは当然だと主張。そんなケンカを解決するには、相手がそうするにいたった背景や気持ちを理解し、両者が相手を許す気持ちを持つことが大切です。

あなたは、自分と意見が違う人と出会ったとき、どうやって話し合い、解決していこうとしますか？

さらに、マンデラさんのように、人を許すのはやはり難しいことだと思いますか？

「意見の違うところを、強い言い方口調《くちょう》で責《せ》められた」

「『あなたは間違っている』と決めつけられた」

「違う意見を言ったら無視をされた」

など、自分に嫌な思いをさせた人を、どうしたらすぐ許せる気持ちになれるのでしょう。

「自分と違う意見を受け入れるのは難しそう」

「何かされても、すぐに許せるかな」

と不安になっても、大丈夫。私たちにできることは、たくさんあります。


まずは、身近なところから始めてみましょう。


休み時間、いつもひとりで本を読んでいるクラスメイトがいたら、「その本、面白そうだね」と声をかけてみる。

給食の時間、苦手な野菜を頑張って食べている友だちがいたら、「えらいね」と励ましの言葉をかけてみる。

掃除の時間、いつもみんなより早く終わってしまう子がいたら、「丁寧《ていねい》に掃除できるコツを教えてくれない？」と聞いてみる。


そうすると、思いがけない発見と出会えるでしょう。

本が好きな子は、読んだ本の面白いところを生き生きと教えてくれるかもしれません。苦手な野菜に挑戦している子は、「実は、前より少し食べられるようになったんだ」と嬉しそうに話してくれるかもしれません。
掃除の上手な子は、「ここをこうやると、きれいになるよ」と、やさしく教えてくれるかもしれません。

時には、意見が違って対立することもあるでしょう。

クラスで遠足の行き先を決めるとき、動物園派と遊園地《ゆうえんち》派に分かれてしまったら。
そんな時は、「動物園なら、かわいい動物に会えるね」「遊園地《ゆうえんち》なら、みんなでわいわい楽しめそう」と、互いの意見の良いところを見つけてみましょう。

そうやって、少しずつでも、相手の気持ちを考え、違いを認め合っていけば、きっと、もっとやさしいクラスや学校になっていくはずです。

うっかりケンカをしてしまいそうになっても、「相手はこういう考え方をする人だから、こういう行動に出たのだな」と相手の立場になって考え、仲直りのきっかけを、自分から作り出せるかもしれません。そして、そんな小さな心がけの積み重ねが、将来、誰もが安心して暮らせる社会をつくる力になるのです。

「みんなちがって、みんないい」この言葉の本当の意味を理解し実践《じっせん》することは、簡単ではないかもしれません。

でも、あなたの小さな一歩が、誰かの心に温《あたた》かい光を灯してくれるのです。そして、その光は、また別の誰かへと広がっていくでしょう。

さあ、今日から、あなたにできることを、始めてみませんか？

第2章

変えたいことがあるなら、私が動く！

「自分を変えたい」

「世界を変えたい」

その思いが生まれたら、まずは小さな一歩から！

少数派として生きる中で学んだこと

第一章では、少数派の立場にある人々の気持ちについて考えてきました。では、実際に少数派としての経験から、どのような気づきが生まれ、どのように乗り越えてきたのでしょうか。私自身の経験を通して、皆さんと一緒に考えていきたいと思います。

私は生まれつきの聴覚障害《ちょうかくしょうがい》者（「障害《しょうがい》」の表記についてはこの節の最後にあるコラム「障害という表記について」を見てください）で、補聴器《ほちょうき》（聞こえにくい音を大きくする道具）をつけても、はっきり聞き取れるわけではありません。

補聴器のおかげで音は大きくなりますが、歪んだり雑音が増えたりすることがあります。また、音をうまく区別したり意味を理解したりするのが難しくなるため、聞こえる人と同じようにはなりません。さらに、聴覚障害《ちょうかくしょうがい》のある人は少数派で、日本には約3,600人に1人いるとされています。そのため、聴覚障害《ちょうかくしょうがい》についての理解が十分に広まっておらず、「補聴器《ほちょうき》をつければ聞こえる」と誤解されることも少なくありません。

だから、耳が聞こえている多くの人たちと同じように、音声だけで話をしたり気持ちを伝え合ったりするのは、とても難しいのです。それでも私は、普通学級で学びました。小学校から大学まで、さまざまな友だちと一緒に過ごしてきました。

耳が聞こえない人はみんな手話《しゅわ》を使うと思う人も多いかもしれませんが、私は大学に入るまで手話《しゅわ》を習うチャンスがありませんでした。

家族やクラスメイトを含め、身近に手話《しゅわ》を使う聴覚障害者《ちょうかくしょうがいしゃ》がいなかったためです。

みんなは顔を私のほうに向けてゆっくりしゃべってくれたので、唇《くちびる》の動きを読み取ることで、少しだけ何を言っているのかが分かりました。とはいえ、後ろから声をかけられると、とても返事ができません。「かくれんぼ」をしようにも、鬼が数を数える声は聞こえず、「鬼ごっこ」で友達を追いかけるときの声も聞こえず、街の中で流れている歌のメロディや歌詞を友達と歌うのもほとんど出来ません。

そんな私のことをよく知らない友達とは、一緒にうまく遊べませんでした。小学校時代には仲間外れ、さらに意地悪《いじわる》をされたこともありました。

とくに幼い頃は「自分と違うこと」や「自分の理解できないこと」にとても敏感《びんかん》に反応します。自分の理解を超えた人に出会うと「この人は苦手だ」と嫌がって、すぐ距離《きょり》を置いてしまうのです。

思春期を迎え、さびしさを感じることもあった私でしたが、状況が変わり始めたのは中学校に入ってからです。

変わるきっかけとなった大きな出来事は、私が校内テストで一番をとったときでした。特に頑張ったつもりはなかったのですが、実は、先生が授業で話していることがあまりよくわからなくて困っていました。そこで、親が与えてくれた参考書を使って、自分で勉強を進めていたのです。

授業についていくために勉強を始めたのですが、気づけば校内テストで一番をとってしまい、自分でもとても驚きました。この出来事をきっかけに、周囲の生徒たちの反応が少しずつ変わり、自分の居場所が広がっていくように感じました。

みなさんも、勉強、スポーツ、習い事、家の手伝いなどで頑張って結果を出すと、周りから「すごい!」とほめられ、声をかけてもらえるチャンスが増えますよね。例えば、テストで良い点を取ったり、リレーの選手に選ばれたり、ピアノの発表会で上手に弾《ひ》けたり、あるいは文化祭の展示でリーダーシップを発揮《はっき》したり、お母さんの料理を手伝って「ありがとう」と言われたりしたときなど、頑張りが認められるとうれしいものです。

私の場合、勉強のほか部活動のバスケットボールに熱中していました。はじめは「声が聞こえなくてもバスケットボールはできるのかな」と不安でしたが、動き方を覚えるのが得意だった私は、まずチームメイトの動きをよく観察《かんさつ》することにしました。コートの中でどこに走ればいいか、いつパスを出せばいいかを考えながらプレイするようにしたのです。

練習では、いつも人より多くシュートを打ち、基本の動きを繰り返しました。そんな努力を見ていたチームメイトは、試合の作戦をたてるとき、私に分かりやすく身振り手振りで教えてくれるようになりました。そうやって毎日一生懸命《いっしょうけんめい》に練習を重ねていくうちに、試合でも活躍《かつやく》できるようになりました。おかげで、私の頑張りを認めてくれる友人が一気に増えたのでした。

友達になり、互いのことをよく知ると、困《こま》ったときにすぐ助け合える関係が生まれます。

それでも、聞こえないと不便なことはたくさんあります。電車が急停車したり遅れたりしても、それを知らせるアナウンスが聞こえなかったり、後ろから来る車に気づかなかったり、緊急時《きんきゅうじ》の放送が聞こえなかったりなど、日常生活で困《こま》る場面は少なくありません。

私が大学生の頃は、聞こえないことを理由に、入学を認めない学部がいくつかありました。そもそも大学へ行く聴覚障害《ちょうかくしょうがい》者自体が、珍しい時代でした。

当時は医師になりたかった私ですが、聞こえないことが理由で、「医師にはなれない」と言われ、描いた夢をあきらめて理学部に入学しました（今は法律が見直され、障害があることだけを理由に大学入学を断ることは禁止されていますし、聞こえなくても医師になれます！）。

せっかく入学できた大学でも、すぐ困《こま》ったことに直面しました。授業中に先生が声で話す内容が分からないのです。先生の話を文字に書いてくれたり、手話《しゅわ》で通訳してくれたりする人(ボランティア)が必要になりました。

そこで私は自分で大学側と直接話し合い、ボランティアと一緒に授業を受けられる仕組みを作ったのです。

勇気《ゆうき》を出して踏み出した私の小さな一歩で、後から入学してくる聴覚障害《ちょうかくしょうがい》を持つ学生たちにとっても役に立つ仕組みを完成させることができました。

学校を無事卒業《ぶじそつぎょう》できたからといって、その後の就職活動《しゅうしょくかつどう》でも苦労が続きます。障害《しょうがい》を持っていると就けない仕事がまだまだあるのです。法律が変わり、障害《しょうがい》があってもできる仕事は増えましたが、例えば、パイロットや電車の運転手など、音が聞こえないと危険な仕事には、いまだに就けないことが多いのが現実です。

さらには、日常生活を送るなかにも、「あともう少し、こうだったらいいのに」と思う、耳が聞こえない人にとっての困りごとが山のようにあります。例えば、お店の呼び出しベルの音を、光や振動《しんどう》でも知らせてくれるようにするなど、ちょっとした工夫でとても助かることがたくさんあるのです。

そこで今の私は、会社員として働きながら、聞こえない人たちなどが困っていることをひとつひとつ解決する活動を続けています。

〔コラム〕 **障害《しょうがい》という表記について**

「障害《しょうがい》」という言葉は、困ったことや壁（障害物《しょうがいぶつ》）を指しています。

例えば、みんなが道を歩いているとき、大きな石が道をふさいでいたら、それが「障害物《しょうがいぶつ》」ですね。

一部の人たちは、「障害《しょうがい》」の中にある「害」という漢字が、悪い意味に聞こえるから、ひらがなの「がい」にしたり別の漢字に書き換えたりしたほうがいいのではないかと考えました。

でも、もっと大切なことがあります。それは、「障害《しょうがい》」というのは、人の体や心に問題があるわけではなく、社会のほうに壁や困りごとがあることを表しているという考え方です。例えば、車いすを使っている人が段差《だんさ》のせいで建物に入れないとき、問題は段差《だんさ》（社会の壁）にあるのです。

世界でも、障害《しょうがい》は「個人にあるというよりも、社会にある」とする考え方が広がっています。英語の「障害《しょうがい》（Disability）」にも「人に原因があるのではなく、社会とその人がうまくかみ合わないことで生まれるもの」という意味が込められています。

だから、「障害《しょうがい》」という言葉を使うことで、「私たちは社会の壁をなくして、みんなが生活しやすい環境を作りたい」という気持ちを表しているのです。

障害《しょうがい》も個性のひとつなの？

白い杖を持っていれば目が見えない、もしくは目が見えにくい人だと分かりますし、車いすに乗っていれば歩くのが難しい人、疲れやすい人などと分かります。

では、耳の聞こえない人はどうでしょう？　外見からでは、障害者《しょうがい》だと気づかれないことが多いです。

補聴器《ほちょうき》をつけていても、イヤホンで音楽を聴いていると間違えられて、困《こま》ることがあります。例えば、お店で「いらっしゃいませ」と声をかけられても気づかなくて、「この人はイヤホンで音楽を聴いているから、私の声が聞こえなくて無視したんだ」と思われてしまったり、警察官から「イヤホンをつけていると、車が近づく音に気づけないから危ないですよ。イヤホンを外してください」と注意されたりします。また、街中で私が困《こま》ってじっと立ち続けていても、周りの人に気づいてもらえなかったりもするのです。

障害《しょうがい》は、体の不自由さだけでなく、心の状態や感じ方、考え方などから起こるものもあります。自閉症《じへいしょう》、スペクトラム障害や注意欠如《ちゅういけつかん》・多動性《たどうせい》障害（ＡＤＨＤ）なども障害《しょうがい》に含まれます。

このように様々な障害《しょうがい》があるにもかかわらず、みんなを「障害者《しょうがい》」と一つにまとめて、「障害者《しょうがい》にやさしい社会にしよう」と言ってみても、全ての障害者《しょうがい》が暮らしやすくなるような仕組みをいっぺんに作るのは難しいことです。

障害《しょうがい》がない人が多いように見えるこの社会で、障害者《しょうがい》本人は今どんなことで困《こま》り悩んでいるのか、想像してみてください。

音声で普段生活している人が、手話《しゅわ》を使う人たちの集まりに参加してみると、どんな気持ちになるでしょうか？　普段は当たり前のように声を出してお話ししているけれど、手話《しゅわ》を知らないままその場に行くと、自分の伝えたいことは全然通じなくて、どう伝えればいいのか困ってしまいますね。

つまり逆に、手話《しゅわ》を知らない人が多い社会で、手話《しゅわ》を使う人たちは同じような不便を感じているともいえます。

手話《しゅわ》とは、手、指、まゆ、あごなどの動きを使って気持ちや考えを伝える大切な言語《げんご》(人々が考えや気持ちを伝え合うために使う共通の言葉の体系《たいけい》)です。

手話《しゅわ》は、日本語や英語のように、一つの「言語」であり、手話《しゅわ》を使えば、声を使わなくても、楽しく会話ができます。

しかし、手話《しゅわ》を使ったことのない人が手話《しゅわ》の存在を知ると、「話す」や「聞く」ことが、自分にとっては当たり前でも、実は誰にとっても当たり前ではないと気づくきっかけになるでしょう。

こうした経験を通して、聴覚障害者《ちょうかくしょうがいしゃ》たちがどんなことに困《こま》るのかを少しでも理解すると、何かサポートできることを考える良いチャンスが生まれます。

車いすの友達がいたら、自分も車いすに座ったつもりで、周り見回してみましょう。テーブルの上のものに手が届かなかったり、ボタンが押しにくかったり、いつもと違うことに気がつくでしょう。

階段《かいだん》や段差《だんさ》があったら、「どうやって進もう?」「危なくないかな?」と心配になるかもしれません。普段何気《ふだんなにげ》なく通っている道も、車いすに座る位置から見ると、とても進みにくく感じることがあるのです。

第一章で、「個性的《こせいてき》だね」という言葉は、ほめ言葉にもなるとお話ししましたね。最近は、「障害《しょうがい》も個性《こせい》の一つ」と言われることが多くなってきました。性格や体つきが一人一人違うように、障害《しょうがい》の種類や程度《ていど》も一人一人異なります。

たしかに、自分と他人の違いを嫌がらず受け入れようとする気持ちはとても大切です。しかし、「障害《しょうがい》は個性《こせい》」という考え方が広まる一方で、「個性《こせい》は大事だから、障害《しょうがい》もそのままでいい」と誤解《ごかい》する人が増えるかもしれないという不安もあります。

障《しょう》害《がい》によって生じる困難をなくそうと日々努力している障害《しょうがい》者やその周囲の人に、「障害《しょうがい》は個性《こせい》だよ」と言っても、あまりうれしくないかもしれません。

それはなぜでしょうか？

せっかくみんなに「バリアフリー化（どんな人でも使いやすいように工夫すること）

を進めよう！」という気持ちがあっても、「障害者《しょうがい》」をひとまとめに考え、「個性《こせい》の一つ」とただ思うだけでは、良い解決方法は見つからず、社会はなかなか変わりません。

みんなの多様性《たようせい》（詳しくは後続のコラム「多様性について」を見てください）を認《みと》めるということは、困《こま》っていることをひとまとめにせず、見過ごさないということです。

困ったことがあれば、みんなで一緒に解決していくことが大切です。これは障害《しょうがい》があるなしに関係なく、社会全体で目指していきたい目標です。

［コラム］多様性《たようせい》について

「多様性《たようせい》」というのは、みんなそれぞれ違うことを認めて、大切にすることです。

例えば、性格や考え方、得意なことや苦手なことは、人によって違います。その「違い」を否定《ひてい》せず、「それがその人らしくていいんだ」と考えることが、多様性《たようせい》を大切にするということです。多様性《たようせい》を認めることで、互いのことをもっと理解できるようになったり、新しい考えが生まれたりします。

自分とまったく違うタイプの人が苦手なとき

さて、世の中にいる、いろいろな人の「多様性《たようせい》」を認めるにはどうしたらいいのか、さらに詳しく話していきます。

私たちのまわりには、自分とはまったく違う考え方を持ち、おどろくような生き方をしている人がたくさんいます。

そういう人と出会ったとき、あなたはどんな気持ちになりますか？「面白そうな人だな」と興味《きょうみ》が湧《わ》くかもしれないし、「今後どんなことをする人なのか分からない」と不安になるかもしれません。

「変わった人だな」と面白がるのはいいけれど、「自分とは全然違うから、どうしても好きになれない！」と強く思ったり、知らないうちにその人を仲間はずれにしたりするのはよくありません。相手を認めないのはよくないとわかっていても、自分の気持ちを抑《おさ》えるのはとても難しいものです。

自分と違う人に会ったとき、私たちはまず「どんな人かな？」と考えます。「いいな」と思うことも、「苦手だな」と思うことも、実は人として自然《しぜん》な感情《かんじょう》です。でも、その気持ちだけで決めつけないことが大切です。

どうして、決めつけすぎるのはよくないのでしょう？

それは、先入観《せんにゅうかん》（ちゃんと知らないのに「こうだ」と思い込むこと）や偏見《へんけん》（自分の考えだけで「これが正しい」と決めつけること）のせいで、その考えが間違っているかもしれないからです。

先入観《せんにゅうかん》や偏見《へんけん》があると、新しい発見ができなかったり、すてきな友達と仲良くなれるチャンスを逃してしまうかもしれません。自分と違う考えや行動を認めないと、自分自身が成長するチャンスをなくしてしまうかもしれないのです。

有名な『北風と太陽』というお話を例に考えてみましょう。

ある日、北風と太陽が「どちらが旅人のマントを脱がせられるか」力比べを始めました。北風が強く吹けば吹くほど、旅人はマントをしっかり押さえてしまいます。一方、太陽が暖かく照らすと、旅人は暑くなって自分からマントを脱ぎました。

このお話は、人との付き合い方にも似ています。自分と違う人や考え方を「ダメだ!」と強く否定《ひてい》ばかりしていると、互いの間の壁はどんどん高くなってしまいます。でも、太陽みたいに優しく受け入れる気持ちを持てば、互いのことをもっとよく理解し、問題も解決できるかもしれないのです。

自分と違う人がいるから、私たちの世界はもっと面白くなるのです。人との違いを怖がらずに、そこから何かを学ぼうとすると、自分も成長できます。

だから、自分と違うタイプの人や考え方に会って苦手意識《にがていしき》を持ってしまったら、まずは一回、立ち止まって考えてみましょう。「どうしてこの人は、自分とこんなに違うんだろう? 生まれつきの性格かな? 育った環境が違うのかな? 物事の感じ方が違うのかな?」と、少しの間、冷静に考えてみることが大切です。

例えば、クラスメイトに意地悪《いじわる》をされて怒《いか》りが湧《わ》いてきても、「もしかしたら、意地悪《いじわる》な言い方しかできないのかもしれない」「反応を面白がっているだけかもしれない」「自分と違う意見の人が苦手なのかもしれない」など、意地悪《いじわる》をしてくる背景には色々な理由があるはずです。理由がわかれば、意地悪《いじわる》をなくすための方法やきっかけを見つけられるかもしれません。

先入観《せんにゅうかん》や偏見《へんけん》で決めつけないで、相手のことを理解しようとすると、自分の世界はもっと広がるはずです。

心の壁は、これでなくせる

自分の狭い世界だけで考えてしまう先入観《せんにゅうかん》や偏見《へんけん》は、人と仲良くなるのを難しくする「心の壁」になってしまいます。「心の壁」には、思い込みのほかに、相手に興味がないことや、わかろうとしないことも含まれます。

「怖《こわ》い」という気持ちが強くて、「これ以上嫌な思いをしたくない」と思うと、なかなか壁は壊せません。

では、どうすれば「心の壁」をなくして、すぐに行動できるようになるのでしょうか?

そのための第一歩は、実はそんなに難しくありません。

それは、「いろんな人と出会って、話をしてみる」ことなのです。

人と話すのが苦手だから「心の壁」を作っているのに、また人と話すことを提案するなんて……とおどろくかもしれません。もちろん、知らない人と話すのは、最初こそ緊《きん》張《ちょう》します。でも、勇気《ゆうき》を出して話してみると、「こんな一面《いちめん》があったんだ!」と、びっくりするような発見があるものです。

私にも、話してみたことでわかったことがあります。

高校生の頃、同じ部活動《ぶかつどう》の同級生の一人と、なんとなくうまくいかない時期がありました。互いに目を合わせなかったり、あいさつもしなかったり、気まずい感じが続いていたのです。私は「きっと、僕のことが苦手なんだろうな」と思っていました。

そんなある日、部活の帰りに、駅の近くのラーメン屋さんで、その同級生に会ったのです。いつもなら、そのまま通り過ぎていたと思いますが、その日は思い切って話しかけてみました。

「何ラーメンにした?」

「チャーシューメン。君は?」

「僕は味玉ラーメン!」

本当にちょっとした会話でしたが、それをきっかけに、不思議と気まずい感じがなくなっていきました。それからは、普通に部活動の仲間として話せるようになったのです。

後でわかったのですが、その同級生は「耳が聞こえない人と、どうやって話したらいいかわからなくて、話しかけられなかった」と言っていました。私は私で、「話しかけても無視されるんじゃないか」と不安でした。互いの思い込みが、心の壁を作っていたのです。たった一回の「思い切って」が、長い間の誤解《ごかい》を解くきっかけになりました。

このことから、僕は大切なことを学びました。
それは、相手のことを決めつけないで、まずは自分から動いてみること。
そうすれば、思ってもみなかった反応があるかもしれないのです。

「怖《こわ》そうに見えるあの人、実はすごくやさしかった」とか、「私とは全然違う趣味をやっている人だけど、話してみると、実は趣味以外のところで共通点があった」とか、話してみないとわからないことは、たくさんあります。

最近は、インターネットで人とつながることも増えました。
インターネットでは、ちょっとした言葉から誤解《ごかい》が生まれて、相手のことが嫌いになってしまうこともあります。でも、実際に会ったこともないのに、誤解《ごかい》したままで終わってしまうのは、もったいないことです。インターネットと現実の世界では、同じ人でも全然違うことがあるのです。

SNSではすごく強く意見を言うのに、実際に会うと全く強気《つよき》ではなかったり、オンラインゲームではすごく頼りになるのに、現実ではおとなしかったりすることもあります。直接会って話をしてみると、インターネット上だけで想像していたイメージと違って、その人の本当の姿が見えてくるのです。

もしその人と直接会うのが難しいときは、オンラインでビデオ通話をしてみるのもいいでしょう。言葉がわからないときや、障害《しょうがい》があって難しいときは、通訳してくれる人や、助けてくれる人と一緒に話す方法を考えてみましょう。

いろいろな生き方や考え方に触れると、自然と「心の壁」がなくなっていきます。つまり、人と話すだけで、自分の考え方が少しずつ変わっていくのです。

何を話したらいいか、最初はわからないかもしれませんが、話題はなんでもいいのです。例えば、隣の席になった友達と挨拶しあう仲になったら、次はちょっとした話題を出してみるのはどうでしょう。かなり仲良しになれた友達でも、いつもとは違う話をしてみると「えっ、実はこんなことが好きだったの？」「そんなふうに考えてたんだ！」といったように、まだまだ知らないことが見つかるかもしれません。

身長が伸びたり体重が増えたりしても、毎日少しずつの変化だと自分では気づきません。それと同じで、人とたくさん話すようになっても、すぐに「自分は変わったな」とは気づかないかもしれません。でも、人は人と話しながら、確実に成長していくのです。新しいことを知ったり、経験したりして、自分の考え方をどんどん更新《こうしん》していくことは、とても大切です。

なぜなら、世界はいつも変わっているからです。大切なのは、自分にできることから、少しずつ新しい世界とつながっていくことです。

「人との出会いを増やして自分も成長してみたい。けれど、どうしても人と話すのは苦手！」という人もいるでしょう。そういう人は、まず図書館で面白そうな本を借りて読んでみたり、事実をもとにした番組を観たりすることから始めてみたらどうでしょうか。

その中で、自分以外の人がどんな気持ちになっているか、どんなことを頑張っているかを、できるだけ自分のことのように想像してみましょう。

さあ、今日から始めてみよう！最初の一歩

「この世の中を変えたい気持ちはあるけれど、そのために私が何かできるとも思えない」

「まだ私は若いんだから、あわてて動かなくてもいいのでは」

そんなふうに思っていませんか？

けれども、立場や年齢《ねんれい》に関係なく、私たちは多くのことができるのです。

私が子どもの頃からずっと大切にしている「最初の一歩」があります。それは「あいさつ」です。母は、私が小さい頃から「どんな人にでも、どんなときでも、ちゃんとあいさつしなさい」と教えてくれました。聞こえない私にとって、声を出してあいさつするのはすごく勇気がいることでしたが、この教えはずっと守ってきました。

そうしたら、うれしい発見がありました。あいさつには、こんなに大切な役割があったのです。

1　相手にいい印象《いんしょう》を持ってもらえる

「おはよう」「こんにちは」と明るくあいさつすると、「この人と仲良くなりたいな」という気持ちが伝わります。

2　会話のきっかけになる

あいさつをすると、そのあと自然に会話が始まります。天気の話や、学校であったことなど、いろいろな話ができるのです。

3　自分のことを知ってもらえる

「私はここにいるよ」「みんなと仲良くしたいよ」という気持ちが伝わります。これは、新しいクラスになったときや、初めて会う人がいるときに、とても大切です。

大人になった今も、私は、仕事のときでも「あいさつから始める」ことを続けています。新しい人が来たとき、会議が始まるとき、帰るとき。どんなときでも、まずあいさつから始めるようにしています。

最初は小さな「こんにちは」かもしれません。でも、その一言で人と人とがつながり、さらに多くの人へと広がっていくのです。こんなふうに、小さな一歩から始め、こつこつと続けていくことで、大きな変化が生まれます。世界中には、そんな「小さな一歩」から大きな変化を起こした人がたくさんいます。

例えば、地球温暖化《ちきゅうおんだんか》について、世界中の人に知ってもらおうと活動している、スウェーデンのグレタ・トゥーンベリさんという人がいます。

彼女は15歳のとき、通っていた学校で、地球温暖化《ちきゅうおんだんか》の問題について周りの人に知ってもらうための活動を始めました。そして、数年後には世界中を回り、たくさんの若者が環境《かんきょう》問題について考えるきっかけを作りました。

お年寄りが新しいことに挑戦している例もたくさんあります。コンピューターは若い人のほうが得意だと思われています。しかし、82歳でプログラミングを学び始めて、

iPhoneのアプリを作った若宮正子《わかみやまさこ》さんという人は、そのチャレンジ精神でたくさんの人に勇気を与えています。

これらの例からわかるように、何かを始めるのに年齢《ねんれい》は関係ありません。「心の壁」をなくして、自分が感じたことや考えたことを大切にして、それを信じて一歩を踏み出すことが大事なのです。

もちろん、自分の考えだけでなく、周りの先生や親の言うことを聞くことも大切です。大人たちは長く生きてきた中でたくさんの経験をしていて、若い人にはわからない危険なことや、チャンスに気づいているかもしれないからです。何より、周りの大人がしてくれるアドバイスは、みんなの成長を願ってのものです。その言葉には、役に立つことがたくさんあるはずです。

でも、言われたことを、ただそのまま受け入れるだけでなく、自分でしっかり考えて、わからないことや聞きたいことがあったら、きちんと聞いてみてください。なぜなら、言われたことを「なるほど！」と自分できちんと納得することもまた大切だからです。「なぜそうするよう言われたのか」、「どうして、こう教えてくれたのか」が分かってくると、自分の考えがもっとしっかりし、いち早く成長できます。

今日、あなたができる最初の一歩はなんでしょう？　それは、クラスメイトのいいところを見つけたり、環境のために電気を無駄遣《むだづか》いしないようにしたり、家族のお手伝いをしたりすることかもしれません。

もちろん、あいさつも！　今まで恥ずかしくて声に出せなかった人は、勇気《ゆうき》を出して毎日誰かにあいさつをしてみましょう。

どんなに小さなことでも、自分で考えてやってみたら、それが大きな変化の始まりになります。一歩を踏み出すことで、みんなは確実《かくじつ》に成長して、世界を少しずつ変えていく力を持てるようになるのです。

「小さな一歩で、本当に変わるの?」と思っている人へ

「小さな一歩くらいで、大きく変わることなんてあるものか」と、まだまだ疑《うたが》っているあなたへ。

小さな行動の積み重ねがどのような変化をもたらせるのか、一緒に考えていきましょう。

まず、小さな行動は必ずしも大きくほめられるものではない、ということをお伝えしておきます。

「おぼれている人を助ける」
「駅のホームから線路に落ちた人を助ける」
といった行動は、すぐニュースで取り上げられ、周りの人々からほめられ、高く評価されますね。

でも、「誰かのためになる行動」は目立つものばかりではありません。むしろ、日々の生活の中での思いやりの気持ちから生まれる小さな行動が、私たちの暮らす世界をより良くしていくのです。


「登校中に落ちているゴミを拾う」

「困っている人に声をかける」

「友達の良いところを見つけて伝える」

などなど、これらはとるに足らない行動だと感じるかもしれません。

しかし、こうした小さな行動を積《つ》み重《かさ》ねることで、大きく変わるのは自分自身の心です。


それはなぜなのか、分かりますか？

相手のことを考えて行動する習慣《しゅうかん》が、少しずつ自分の中に育っていくからです。そうやって育った「人の役に立ちたい」「世界をよくしたい」という気持ちは、きっとあなたの大切な力になっていくはずです。

他の人への思いやりの心が強まると、周りの人たちの変化にもすぐ気づき、「ここにもまだ、自分にできることがあるな」「よし、やろう!」という自信と行動が生まれます。

雪だるまを作るとき、最初は小さな雪玉からスタートするでしょう。その小さな雪玉を転がしていくと、表面に雪をまとって少しずつ大きくなっていきます。転がせば転がすほど大きさが変化し、いつしか大きな雪だるまが完成します。

まずは、自分のためになることで試してみてもいいでしょう。

「毎日5分だけ本を読む」という小さな習慣《しゅうかん》を始めたとします。

一週間、二週間を過ぎたところでは、大した変化を感じられないでしょう。しかし、1日5分を1年間続けると約30時間の読書時間となり、何冊もの本を充分に読み終えるだけの力となります。小さな一歩が、時間とともに大きな成果《せいか》へと「雪だるま」のように成長していくのを実感してください。

もしも毎日、学校の周りのゴミを拾う習慣《しゅうかん》をつけたとしたら?

最初は「面倒《めんどう》だな」と感じていても、だんだん「誰だって、きれいな空間で過ごしたい」「みんなで気持ちよく学校生活を送りたい」という気持ちが大きくなってきます。
そして、ひたすらゴミを拾い続けるあなたの姿を見て、周りの人も少しずつ考えを変えていきます。友達がひとり、ふたり、と一緒にゴミを拾うようになったら、あなたの小さな一歩が一気に広がって、羽ばたいていった証拠《しょうこ》です。

歴史を振り返ると、今では当たり前のことも、かつては誰かの小さな行動から始まったものばかりです。

みなさん、階段の横にある小さな坂道「車いす用のスロープ」を一度は目にしたことがあると思います。今でこそ多くの公共《こうきょう》施設《しせつ》に設置されていますが、最初は一部の人々の声から始まりました。彼らの小さな行動が、今では多くの人たちの生活を便利なものにしています。
また、ゴミの分別《ぶんべつ》やリサイクルも、以前は環境《かんきょう》への関心が高い一部の人々だけで行われていました。しかしその輪が少しずつ広がり、今では社会全体で取り組む重要な課題となっています。

小さな行動の積《つ》み重《かさ》ねは、やがて大きな波となって社会をよりよいものに変えていく可能性を秘めています。自然とまわりの力を巻き込んで、さらに大きな雪だるまが出来上がっていく……それが、平和に社会を変えることのできる「雪だるま効果」なのです。

この本を読んで最初は疑《うたが》っていた人も、きっと「もしかしたら、今日の小さな一歩も未来には大きな力になるのか」とようやく実感し始めてきたのではないでしょうか。

必要なのは、その一歩を踏み出す勇気

あとは、その一歩をあなたが実際に踏み出すかどうか、です。

行動しなければ、今の日々は変わらずに過ぎていきます。昨日と変わらない今日や明日は、ある意味で「安心」かもしれません。

でもそれは、短い間だけ。一歩を踏み出さなければ、自分を成長させる機会や、世界

を少しでも良くする可能性を逃してしまうことでもあります。

つまり、長期的に見ていくと、大きな損になるかもしれないのです。

いつもと変わらない日常から離れて一歩を踏み出すことは、ときに勇気《ゆうき》が必要でしょう。だからこそ、一気に大きな一歩を踏み出すのでなく、最初は小さくていいのです。

「頭で大きなことを考えるばかりで、実際には行動を起こさない」ことと、「小さくても今日から実際に行動を起こす」ことには、大きな違いがあります。


ほんのささいな事から、成長はスタートするのです。

クラスメイトの意見や行動が自分とは違うとき、すぐに「変だな？」と思ってしまいますよね。でも、その人なりの理由があるはずです。「どうしてそう考えるんだろう？」と少し立ち止まって考えてみる。それだけでも、大切な一歩になります。

自分とは違う考え方や行動をする人と出会ったとき、どんな小さなことでも「なぜだろう？」と考えてみる。そんな一歩一歩の積み重ねが、きっとあなた自身の世界をもっと広く、もっと豊かにしていくことでしょう。

1　自分とは全く違うことに夢中になっている友達がいたら、どうやってその世界を理解できるでしょうか？

相手の話を聞いたり、一緒に体験したりする方法を考えてみましょう。直接やらなくても、その分野で頑張っている友達をほめることはできると思います。

2　この章で学んだ「小さな第一歩」について、あなたの日常生活で実践できそうな第一歩は何ですか？

学校や家庭で、どんな行動から始められるか考えてみましょう。「みんなにあいさつ」は、とくにオススメです！

3　「みんなと違うこと」をするのが怖《こわ》いと感じたことはありますか？

そのときどんな気持ちだったか、そしてその怖《こわ》さをどのように乗り越えた（乗り越えられそう）か、考えてみましょう。

「みんなちがって、みんないい」。

そして、「小さな一歩が、大きな変化を生む」。

この二つの言葉を胸に、今日からあなたにできる「小さな一歩」を踏み出してみませんか？

最初は勇気《ゆうき》がいるかもしれません。でも、その一歩が、きっとあなたの未来、そして世界の未来を、より良い方向へ導《みちび》いてくれるはず。この本が、そのきっかけになれば嬉しいです。

第3章

勇気《ゆうき》が必要なのは、いつ？

前へ進むとき、何かを選ぶとき、そしてときにはキッパリ断るとき。
自分らしさを守るために勇気《ゆうき》が必要な、そんなあなたへ。

「自分の考えを伝えること」と「ワガママ」の違いを考えてみよう

前の章で、小さな一歩を踏み出す大切さについてお話ししました。その一歩の中でも、特に難しいと感じるかもしれないのが、自分の考えを相手に伝えることです。

あなたは自分の意見をはっきり言うとき、ためらうことがありませんか?「みんなが私と違う意見だったらどうしよう」「私の意見を聞いて、相手の機嫌《きげん》が悪くならないかな」と心配になるかもしれません。また逆に、思いが強すぎて、つい言い過ぎてしまうこともあるでしょう。

自分の考えを相手に伝えることは「自己主張《じこしゅちょう》」と言い、とても大切です。しかし、場合によっては「ワガママ」になってしまうこともあります。この2つはどう違うのでしょう?

まずは、自分の考えを伝えたいときの大きなヒントを、ひとつお伝えしておきます。

自分の考えや気持ちを相手に伝えるなら、そのまま伝えて終わるだけでなく、相手の気持ちも考える必要があります。「自分の発言を聞いて、相手がどのような気分になるだろうか」と想像しながら伝えるのです。

例えば、もしあなたが友達を「一緒《いっしょ》に遊ぼう」と誘ったとき、ただ「遊べないよ」と断られたら、どんな気持ちになるでしょうか？

「自分と遊ぶのは嫌なのかな」

「私のことを嫌いになったのかも」

そんなふうに考えてしまって、ガッカリしてしまいますよね。

でも、もし友達から「今日は宿題があって無理だけど、明日なら遊べるよ。明日遊ぶのはどう？」と言われたら、気持ちはずいぶん違うと思います。

なぜでしょう？　それは、友達があなたの気持ちを考えながら、

- 今日遊べない理由を説明してくれた
- 代わりの提案《ていあん》をしてくれた

からです。

このように、相手の気持ちを考えながら自分の考えを伝えることで、互いの気持ちがつながり、会話も続いていくのです。

ここで、聴覚障害《ちょうかくしょうがい》のある小学生の例を紹介しましょう。私が小学生だったころの実話です。

ある日、休み時間に友達から「体育館でバレーボールをしよう」と誘われました。でも私は最初、断ろうと思いました。バレーボールでは「はい！」「私が取るよ！」などの声の合図《あいず》が必要ですが、それが聞こえないから、みんなの輪に入れないかもしれない——そう心配したのです。

しかし、せっかく誘ってくれた友達の気持ちを考えると、できない理由を言うだけで終わりにしたくありませんでした。そこで思い切って、「声の合図《あいず》は聞こえないけど、手を振って合図《あいず》することならできるよ。みんなでそうやってみない?」と提案《ていあん》してみました。

すると友達たちは「それいいね!」と大賛成。実際にやってみると、体育館は声が響いて聞き取りにくいため、むしろ手の合図《あいず》のほうが分かりやすかったそうです。「聞こえない」という特徴から生まれた工夫が、思いがけずみんなの役に立ちました。

このように、自分の個性《こせい》や特徴を理解し、それを活《い》かす方法を考えると、自分だけでなく周りの人たちにとってもプラスの結果が生まれることがあります。私らしさは「新しいアイデアを生み出すきっかけ」にもなるのです。

逆に「ワガママ」とは、他の人の気持ちを考えず、自分のしたいことばかり通そうとすることです。

友達から「一緒に遊ぼう」と誘われたとき、「今日は遊ぶ気分じゃないから嫌」と一方的に断ると、友達は悲しくなります。

また、「今日は宿題があって遊べない」と断っても、「宿題なんてどうでもいいから、今すぐ遊びに行こう！」としつこく誘う人がいたら、その人は自己主張《じこしゅちょう》でなくワガママを押《お》し付けているのです。

どちらも相手の気持ちを考えずに、自分の都合や気分ばかり優先して主張しているのですね。

自己主張《じこしゅちょう》とワガママの違いを知りたいなら、自分が何か意見を言う述べるときに以下のポイントを意識してみましょう。

1 相手の状況や気持ちを考えているか

2 自分の考えを無理に押しつけていないか

3　自分の言葉を聞いた相手がどう思うか想像できているか

これらに気をつけておけば、相手を傷《きず》つけたり悲しい思いをさせたりせず、上手な自《じ》己《こ》主《しゅ》張《ちょう》ができるようになります。

また、自分の意見を分かりやすく伝えることで、相手にあなたのことが伝わりやすくなります。

互いの気持ちを大切にしながら意見を交換することで、より良い話し合いができます。ワガママではない意見はぜひ積極的に言い合い、理解を深めていきましょう。

「NO《ノー》（いいえ）」と言うのは勇気《ゆうき》が要ること？

自己主張《じこしゅちょう》のなかでも、特に難しいのは「NO《ノー》（いいえ）」と言うことです。人は、自分の考えに同意《どうい》してもらえば嬉しくなりますが、反対されれば悲しくなったり怒ったりしがちです。

「ここで反対意見を出すと、相手がどう反応するか気になって疲れる」と、本当は心の底から同意《どうい》していないのに「YES《イエス》（はい）」と返して、その場をやり過ごしてしまう経《けい》験《けん》は誰にでもあるのではないでしょうか。

しかし、時にはきちんと「NO《ノー》」を言わなければならない場面があります。

- 危険《きけん》なことに誘《さそ》われたとき
- 正しくないこと、間違ったことを見つけたとき

●自分の気持ちに正直《しょうじき》でいたいとき

こういった状況《じょうきょう》では、「NO《ノー》」と言うことが大切です。

もしも、次のテストで友達がカンニング（テストで不正をすること）しようと考えていることに気づいたら、あなたはどうしますか？

あなたが勇気《ゆうき》を出して「カンニングなんて、やめたほうがいい」と注意することで、友達はカンニングという悪いことをせずに済むかもしれません。相手が大親友でも、あまり親しくない友達でも、同じく「NO《ノー》」と言ってあげてください。

「それをしてしまうことで、あなた自身が困ることになる」とやさしく伝えるのが良い方法です。「カンニングしていることが見つかったら、後で大変なことになる。テストというのは、今の自分の力を確認するためのもの。だから、自分の力だけで頑張ろうよ。成績《せいせき》が心配だったら、わたしと一緒《いっしょ》に勉強する時間を作らない？」のような言い方をすれば、相手も受け入れやすくなるでしょう。

間違ったことをしようとする友達を説得《せっとく》するのは、とてつもなく大きな勇気が必要です。

また、勇気《ゆうき》が出たとして、つい「それは禁止されているからダメ」と怒りながら言いたくなるでしょうが、それでは友達の心をうまく変えられないかもしれません。

そもそもカンニングが悪いことだと本当に知らないわけではない友達に、「ダメなものはダメ」といった単純な言い方では素直《すなお》に納得《なっとく》してもらえないのです。

友達が「うるさいことを言われて面倒だから、完全にバレないカンニング方法をこっそり考えよう」とさらに悪い方向へ頭を使うか、「おまえひとりでいい子ぶって！」と逆に怒ってくる可能性すらあります。

この場合、相手の間違いを正すだけの「NO《ノー》」ではなく、相手にとってもいい結果に結びつくような「NO《ノー》」を丁寧《ていねい》に伝えてみてください。

どうしてカンニングをしてはいけないのか、その理由や本当に大事なことを伝えて説得すると、友達も「否定《ひてい》されたから渋々《しぶしぶ》やめる」「否定《ひてい》されたことに腹が立つ」と

「NO《ノー》」の部分にばかりこだわっていたのが、「自分のために否定《ひてい》してくれていたのか」「どうして自分はカンニングしようとしていたんだっけ」と違う視点から自分を見直すことができるのです。

「NO《ノー》」と言うときのコツは、相手の気持ちを考えながら、自分は落ち着いて伝えることです。

1　なぜ「NO《ノー》」なのか理由を説明する
2　「NO《ノー》」なことをすると後でどうなってしまうのか、分かりやすく伝える
3　別の方法や解決策も一緒《いっしょ》に提案する

このように、ただ「ダメ」と言うのではなく、相手のことを思って、別の方法を提案することも大切です。「カンニングはダメだよ」と言うだけでなく、「一緒《いっしょ》に勉強しよう」

と誘ったり、「先生に質問や相談をしてみたら?」とアドバイスしたりするのも良いでしょう。


上手な「NO《ノー》」は、普段の友達同士の会話コミュニケーションにも役立ちます。

友達から「近所のショッピングモールへ一緒《いっしょ》に行こう」と誘《さそ》われたけれど、おこづかいが少なくて、思うように買い物ができないとします。

そんな時は「いやだ、行かない」とだけ断るのではなく、「お金が足りなくて何も買えないから、欲しい商品を見るとつらくなっちゃう」と相手に納得《なっとく》してもらえる理由を加え、さらには「ショッピングモールの近くに公園があるから、そこで遊ぶのはどう?」と提案《ていあん》してみてはいかがでしょう。

「公園も楽しそうだね」「ショッピングモールへは買い物しに行くのではなく、私も見て楽しむだけのつもりだったよ」などと、誘《さそ》ってくれた友達の考えもスムーズに引き出せる会話の流れができますよ。


大人の世界でも、「NO《ノー》」はとても大切です。

会社の会議で新しい商品のアイデアを話し合っているとき、単に「いいですね」「すばらしいですね」と賛成するメンバーばかりのなか、「それって本当に必要ですか？　むしろ、こんな方法はどうでしょう」と質問や提案《ていあん》をする人が現れるとします。

賛成以外の意見を突《つ》きつけられた瞬間、アイデアを出した人は抵抗《ていこう》を感じるかもしれませんが、別の方向からアイデアを見直すきっかけが生まれます。結果、最後にはもっとすばらしいアイデアが完成することもあるのです。

「NO《ノー》」は現状の物事を変え、何かを新たに生み出すプラスの力もあります。恐れずきちんと「NO《ノー》」を言える勇気《ゆうき》を持ちましょう。

自分や相手、周りの人たちを守ったり、向上させたりすることができる「NO《ノー》」なら、いつでも誰でも大歓迎なのです。

意見を言う権利は、皆に認められている

ここまでは自己主張《じこしゅちょう》をすること、そして時には「NO《ノー》」を言うことの大切さについてお話ししてきました。

ところで、自己主張《じこしゅちょう》したり、はっきり「NO《ノー》」と言ったりすることは、私たちみんなに認められた「権利」に関係していると知っていますか？

「権利」と聞くと、「むずかしい法律の話かな？」と思うかもしれません。でも実は、毎日の生活の中で、みんなが当たり前のようにしていることの中にも「権利」が関係していることはたくさんあります。

例えば、「自分の意見を言うこと」は、「表現の自由」という、とても大切な権利の一つです。これは、誰もが自分の考えや気持ちを自由に表現できる、ということです。

ほかにも、みんなが学校で勉強できるのは「教育を受ける権利」があるからです。

また、安全に暮らすためには、警察や消防署の人たちが、事件や事故、災害などから、私たちを守ってくれますね。これは「安全に暮らす権利」があるからです。

そして、みんなに知られたくない自分のことを、勝手に他人に知られたりしない「プライバシー（個人で秘密にしていること）を守る権利」もあります。

このように「権利」とは、私たちが毎日を安心して、そして自分らしく生きていくために、とても大切なものなのです。

権利というと、「どんな仕事を選んでもいい」「どこに住んでもいい」といった自由が守られることをイメージするかもしれません。

でも、それだけではありません。「自分の意見を言うこと」「安全に暮らすこと」「教育を受けること」「プライバシーを守ること」など、毎日の生活に関わることも、すべて「権利」なのです。そして、これらの権利は、私たち一人ひとりが幸せに生きていくために、とても大切なものなのです。

私のように聞こえない人には、手話《しゅわ》（日本語とは別の決まりや文法があり、手や顔の動きなどを使って気持ちや考えを伝える言語）や字幕《じまく》、要約筆記《ようやくひっき》（話の内容を文字にして伝えること）などの支援を受ける権利があります。これは「情報を得る権利」の一つです。みなさんがテレビ番組を見るときに字幕があるのも、この権利が保障されているからなのです。

そして、権利のなかでも特に大切なものが「人権」です。人権とは、人間らしく幸せに生きるために「生まれながらに持っている権利」とされています。

権利は社会的に決められたり支えられたりしているものですが、人権は「生まれた場所や育った家庭、住んでいる国や学校に関係なく、絶対にみんなが持っている大切な権利」なのです。

特に、社会的に弱い（自分の意見を言いにくく、権利が守られにくい）立場の子どもたちの人権を守るため、「子どもの権利条約《けんりじょうやく》」という特別な約束も作られています。

全世界の子どもたちを対象として1989年に国際連合《こくさいれんごう》が定めた「子どもの権利条《けんりじょう》

約《やく》」には、「自由に意見を言える権利」「教育を受ける権利」「安全に暮らす権利」、そして「遊ぶ権利」までも含まれています。自分が自分らしく成長するためには、遊んだり休んだりすることも必要だからです。

ほかにも、「子どもの権利条約《けんりじょうやく》」は、人種（見た目や体の特徴で分けたグループ）、国《こく》籍《せき》、性別、障害《しょうがい》、家の経済状況《けいざいじょうきょう》などを理由に差別（違いを理由にその人を断ったり、ほかの人より悪い扱いをしたりすること）を受けることがないよう、みんなの権利が守られるように決められているのです。

とはいえ、世界には人権が守られていない地域も少なくありません。学校に行けない子、幼い頃から働かされている子、病気になっても治療《ちりょう》してもらえない子があちこちにいます。

日本でも、大人が守ってくれる環境《かんきょう》が完全に整えられているとは言えず、「子どもの権《けん》利《り》条約《じょうやく》」に反したいじめや差別、虐待《ぎゃくたい》（相手にひどいことをしたり、ちゃんと大切にしなかったりすること）といった問題があちこちで発生しています。

こういった問題を解決《かいけつ》するには、その問題に気づいた人たち全員の勇気《ゆうき》が必要です。

誰かが困《こま》っていると分かったら、まずはそれを自分のことのように受け取ってみてください。

何がつらいのか？

どうすればつらさを取《と》り除《のぞ》けるのか？

問題を抱《かか》えている人の気持ちを受け止め、想像し、自分のできることから解決《かいけつ》に向けて実際に動いてみましょう。

- いじめられている友達がいたら、その子に声をかけたり、先生など周りの大人に相談したりする
- 外国から来た友達が差別されていたら、その孤独《こどく》な気持ちを理解し、寄《よ》り添《そ》って味方になってみる
- 困《こま》っている友達がいたら、一緒《いっしょ》に解決策《かいけつさく》を考えたり手伝ったりする

「人権を守る」と聞くと、とてつもなく大きな課題のように感じますが、年齢や立場に関係なく、誰もが小さな行動でみんなの人権を守ることができるのです。

困《こま》っている人の悩《なや》みを、まずは自分のこととして考えること。そうして、その人のために行動すると、世界は少しずつ良くなっていきます。

逆に、誰かの人権が守られないまま放《ほお》っておかれていると、いつかあなた自身の人権も守られなくなる日がくるかもしれません。

アメリカにまだ人種差別《じんしゅさべつ》の考えが強く残っていた１９５５年、アラバマ州モンゴメリーでアフリカ系アメリカ人のローザ・パークスさんは、バスのなかで白人（白い肌の人）に席を譲《ゆず》ることを拒否しました。

「席を譲《ゆず》らないなんてひどい」と思われるかもしれませんが、当時の人種隔離法《じんしゅかくりほう》では、黒人（黒い肌の人）はお年寄りでも体が弱くても、無条件で白人に席を譲《ゆず》らなければならないと定められていました。

パークスさんは、肌の色だけで席の優先順位《ゆうせんじゅんい》が決められている法律に対して「NO《ノー》」を突《つ》き付けたのです。

彼女は法を破ったとして逮捕《たいほ》されてしまいましたが、この事件をきっかけとして、多くの人たちがバスへの乗車を拒否するバスボイコット運動に参加しました。不平等《ふびょうどう》な法律の見直しを求める公民権《こうみんけん》運動（みんなが平等《びょうどう》に生活できるように、同じルールで守られる権利を持つための運動）への転換点《てんかんてん》（大きなきっかけ）となり、数年後には黒人も白人も平等《びょうどう》に暮らすことのできる法律へと改正されました。

「法律で決まっているから」と人種差別《じんしゅさべつ》のある社会を当たり前のこととして受け入れてしまっていた多くの人たちに、パークスさんは「間違っていることにはNO《ノー》と言い、正していこう」との姿勢をたったひとりで見せてくれたのですね。

みんなが人権を守り公平《こうへい》に暮らせる幸せな場所へと変えていくため、私たちは一人ひとり、行動する勇気《ゆうき》を持つことが求められています。

ひとりになることも恐《おそ》れない勇気《ゆうき》を

みんなの人権を守るため、みんなで行動する大切さについて話をしてきました。みんなで同じ方向へ向かい、親しくなれるのは楽しいものです。

でも、ときには静かに自分と向き合う時間を持つことも大切です。

騒《さわ》がしい教室や、SNSでのやり取りから少し離れて、自分の気持ちに耳を傾けてみませんか。そうすることで、自分自身のことや、周りの人たちとの関係について、新しい発見があるかもしれません。

ここで、少し考えてみてほしいのは、あなたにとって「友達とは何か?」ということです。友達と一緒にいることは楽しいけれど、その関係について立ち止まって考えてみる機会は、あまりないかもしれませんね。

友達とは、クラスメイトのこと？
一緒に遊んでいる人？
直接会うことはほとんどないけれど、いつもＳＮＳでつながっている人？

友達が友達である理由や意味は、人それぞれです。それは、人によって大切にしたいことが違うからです。毎日会う人を大切に思う人もいれば、趣味《しゅみ》が合う人を大切に思う人もいます。

でも、たくさん友達がいるように見えて、本当は孤独感《こどくかん》に悩《なや》んでいる人もいます。さみしさをまぎらわすため、とにかく人と会う機会を増やし、相手に合わせて仲良さそうに会話することは、それほど難しくないかもしれません。でも、本当の自分を出さないまま人と一緒にいると、かえって疲れてしまいませんか？

ここで、逆にひとりでいる時間の良いところを挙げていきましょう。

●自分のやりたいことができる

誰かの目を気にすることなく、本当に自分が好きなことに集中して取り組むことができます。

●ゆっくり考える時間が持てる

他の人の意見に影響《えいきょう》されず、自分の気持ちに向き合えます。今やるべきことや将来のことをじっくり考える時間が持てるのです。

●新しく興味《きょうみ》が持てるものを探せる

自分が本当は何が好きか、何が得意なのか、いろいろ調べてチャレンジする時間を過ごせます。

もしひとりでいることにさみしさを感じたら、本を読んだり、音楽を聴いたり、家族と話したりしてみましょう。すると、自分に向いていること、心の底から好きなものを発見しやすくなるのです。

ひとりでいる時間を楽しめるようになると、今度は心が強くなります。

・自分ひとりで決める力が身に付く

「いつも誰かに頼《たよ》ってしまう」ということがなくなり、自分で考えて決めることができる自立《じりつ》した人間になります。周りの人があれこれ決めてくれた道を進むと、失敗《しっぱい》したときに「私のせいではない」と責任を他の人に押し付けがちです。でも、自分で決めた道で失敗《しっぱい》したら、くやしいと思うと同時に「自分が選んだのだから」と納得もいくのです。そして、「失敗《しっぱい》だって経験のひとつだ」と、クヨクヨせずにすぐ次の道へと進むことができます。気持ちの切り替えが早くなりますよ。

・自信がつく

周りの誰かの指示を待つ姿勢《しせい》から抜け出すと、自分だけの力でいろいろなことができるようになり、自分に自信《じしん》を持つことができます。自信がつくと、自分で選び、決断できること自体が楽しくなります。

●ほかの人との関係が良くなる

ひとりの時間を過ごして自分の気持ちが分かるようになると、他の人ともうまく付き合えるようになります。他の人の顔色《かおいろ》をうかがうばかりではなく、自分の意見も言えるようになれば、相手へ自分のことをうまく伝えられるようになり、友達を作りやすくなります。


自分のことがよく分かってくると、不思議なことに、他の人との関係も良くなっていきます。なぜでしょう?　それは、自分の好きなことや苦手なことが分かっているから、

「今日は図書館で一緒に本を読もう」

「私が絵を描くの得意だから、ポスター作り手伝えるよ」

「大きな声を出すのが苦手だから、静かな教室で話さない?」

というように、自分の気持ちをはっきり伝えられるようになるからです。


また、自分の好きなことや苦手なことが分かると、友達の気持ちも理解しやすくなります。

「あの子も私と同じように、静かな場所が好きなんだな」
「この子は私と違って、にぎやかな場所が好きなんだな」
と、互いの違いを認め合えるようになるのです。

もし友達やクラスメイトと一緒《いっしょ》にいて
「相手の好きなことに合わせるばかりで、疲れてしまう」
「同じことをしていても、楽しい気持ちにならない」
と感じているなら、思い切ってひとりで過ごしてはどうでしょう。

ひとりでいることは、「一緒に遊んでくれる友達がいないこと」ではありません。ひとりの時間を過ごすことで、人は自分らしさを大切にして成長できます。さらに、またみんなと一緒《いっしょ》の時間に戻ったとき、自分の気持ちにふたをすることなく、他の人ともいい関係《かんけい》を築くことができるのです。ひとりの時間は大切な時間、と覚えておきましょう。

もしもひとりでいるのがまだ怖いなら、木に登るときをイメージしてみてください。

高い木に登ろうとすると、多くの人は「落ちたら痛《いた》そう」と恐怖《きょうふ》を感じます。地面から離《はな》れて高くなるにつれ、怖《こわ》さは増えていくでしょう。

しかし、一歩一歩慎重《しんちょう》に登っていくと、やがて木の上に到達《とうたつ》します。そこからの景色《けしき》は、地上からでは決して見られない、すばらしいものに違いありません。

そして無事に地上へ降りてきたときには、さらに大きな達成感《たっせいかん》を味わえるのです。

これは勇気《ゆうき》を出して行動することと似ています。

新しいことや怖《こわ》いと感じることに挑戦するのは、きっと高い木に登るときのような恐《きょう》怖《ふ》を感じるでしょう。しかし、恐怖《きょうふ》を乗り越えて、一歩ずつ高いところへ進んでいくことで、新しい経験や視点を得ることができます。

ひとりでいる時間は、あなたにとって大きな挑戦かもしれません。いつもたくさんの友達と一緒にいる時間が長かった人ほど、ひとりの時間はつらく、長く、感じてしまうでしょう。

けれども、自分を見つめ直し、自分が本当にしたいことや本当に好きなものを考えて行動する時間を過ごした後は、木登りを終えたときのような達成感《たっせいかん》と自信を得ることができるのです。

勇気《ゆうき》について、考えてみよう

第三章では、さまざまな勇気《ゆうき》についてお話ししてきました。みなさんは、どんなことを考えましたか？　どんな気持ちになりましたか？

自分の意見を言うのが怖《こわ》いと感じるとき、その気持ちはとても自然なものです。最近、どんなときにそう感じましたか？

「NO《ノー》」と言うのが難しいと感じることもあるでしょう。その気持ちの中には、相手を大切に思う気持ちが隠れているのかもしれません。でも、相手を大切にしながら「NO《ノー》」を言うことはできると知った今、あなたはすでに「どうやったら上手にNO《ノー》が伝えられるだろう？」と考えることができる人になっているはずです。

さて、どんな風に「NO《ノー》」を言えばいいのか、覚えていますか？　そう、相手のための「NO《ノー》」であることを、感情的にならずに伝えるのでしたね。正解です！

あなたの回りで、誰かが困《こま》っているように見えることはありますか？　まだ何の働きかけをしていなくてもいいです。気づいているだけで、それは大切な一歩です。

間違いを認めるのは、誰にとっても簡単ではありません。でも、「私が間違っていたのか」と知って感じる嫌な気持ちも、私たちの大切な一部です。「NO《ノー》」と言う人だけでなく、言われた人も、感情的にならないことが重要です。

スマートフォンが身近にあり、SNSや動画が手軽に見られる今の時代、ひとり静かな時間を過ごすのは、むしろ難しいことかもしれません。でも、音楽を聴きながら空を見上げたり、好きな本を読んだり、自分なりの過ごし方を見つけられたらいいですね。

これらのことについて、友達や家族と話してみてはどうでしょう。どのテーマについても、すぐに答えを出す必要はありません。ゆっくり、自分のペースで考えていけばいいのです。もしかしたら、時間が経つと自分の答えがどんどん変わっていくかもしれません。それもまた、成長の証《あかし》です。

勇気《ゆうき》を持つことは、簡単ではありません。でも、焦《あせ》る必要はないのです。自分のペースで、自分らしく、一歩ずつ進んでいけばいいのです。

時には、勇気《ゆうき》を出して、新しいことに挑戦してみたくなることもあるでしょう。それは、自分の意見を言ってみることかもしれないし、困《こま》っている人に声をかけてみることかもしれません。

あなたが選んだあなたらしい一歩なら、どんな一歩でも輝かしいもの。その経験が、あなたの新しい一面を作り出してくれるからです。

すべての一歩が、あなたの世界をもっと豊かにしてくれるでしょう。

第4章

発想を変えて、未来を創《つく》る

「目指しているゴールになかなか届かない」と立ち止まってしまいそうなとき。
ものごとの見方を変え、解決方法《かいけつほうほう》を見つけ出す工夫をしてみませんか。

逆さまの地図が教えてくれること

第一章からお伝えしてきたのは、自分の気持ちを大切にしながら、相手のことも考えて行動すること。そして、必要なときには「NO《ノー》」と言える勇気や、じっくりと自分と向き合う時間を持つことの大切さでした。

私自身、私だけではなく、聞こえない人たちみんなが、もっと活躍できる社会になってほしいと思い、そのために多くの人たちが協力して行動する団体を新しく作ろうと決意しました。はじめは正直、とても不安で怖かったのです。でも、「この一歩を踏み出さなければ何も変わらない」、そう思い決断しました。

睡眠《すいみん》時間や休みの時間を削って活動時間に充ててきたので、身も心も大変でした。しかし、同じ思いを持つ仲間が少しずつ集まって一緒《いっしょ》に活動する中で、できることが増えていきました。今では、私の人生の中で最も大切な経験の一つとなっています。

このように、自分で決めて進む道は、時には不安でも怖《こわ》くても、その一歩を踏み出す勇気があれば、きっと新しい発見や喜びをもたらしてくれるのです。

とはいえ、ときには勇気《ゆうき》だけで解決できない問題にも出会うでしょう。そんなとき、必要となるのが発想《はっそう》を転換《てんかん》する（考え方を変える）力です。

物事を違う角度で見てみると、隠れていた解決方法《かいけつほう》をふと思いつくこともあるのです。

私たちが日本で見ることの多い世界地図は、日本や太平洋《たいへいよう》を真ん中に置き、北を上にして平らに描かれていますよね。

しかし、その地図を逆さまにし、南を上にすると見え方が大きく変わります。逆さま地図では、オーストラリアが上にあり、ヨーロッパやアメリカは日

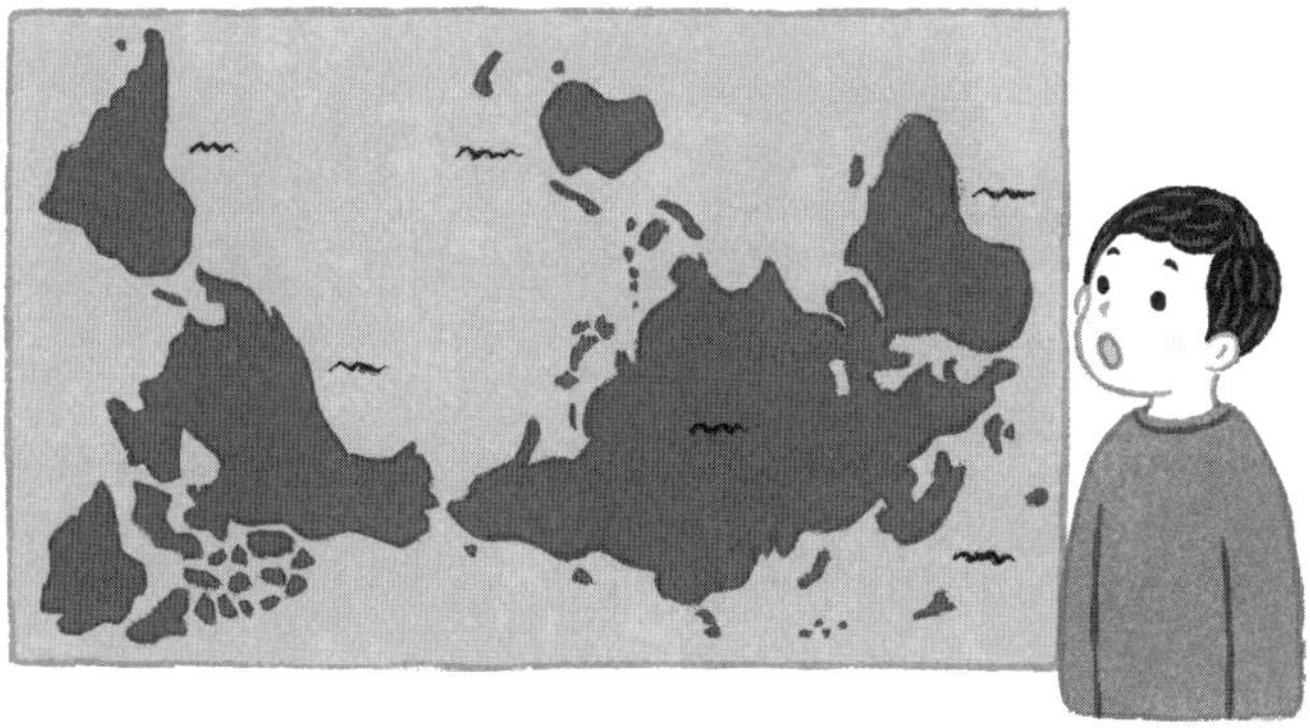

本とともに下側へ配置されます。

実際、オーストラリアなど南半球の国では、「南が上、北が下」の地図がよく使われています。

またヨーロッパの地図になると、今度は地図の真ん中にヨーロッパが配置《はいち》されていて、日本は東の端《はし》である右側へ、アメリカは西の端《はし》である左側に描かれます。

日本やその周辺地域が、とても東という意味の「極東《きょくとう》」と呼ばれるのは、ヨーロッパを中心に世界を見ているからです。

日本に住んでいて、常に日本を真ん中にした地図だけを目にしていると、とても日本が「極東《きょくとう》」だなんて気づきませんよね。

「どの国が上か下か」といったルールは自由です。もともと球体の地球を平面に描き直したものなので、どの地図も間違ってはいません。

見慣《みな》れない視点《してん》で制作された海外の地図を前にすると、世界のとらえ方やイメージは大きく変わることでしょう。

そして、私たちは今まで気づかなかったことに気づき始めるのです。

「そういえば、なぜいつも北を上にしているんだろう？」

「他の国から見た日本は、どう見えているんだろう？」

と新しい疑問《ぎもん》も生まれてきます。


こうやって、物事《ものごと》を違う角度から見ることを「発想《はっそう》の転換《てんかん》」と言います。

決まった考えから抜け出した先にあるのは？

私たちは知らず知らずのうちに、「こうあるべき」「こうするのが当たり前」という考え方、いわゆる「固定観念《こていかんねん》」に縛《しば》られています。

みんなが自分らしく生きられる社会をつくるためのヒントや決まりは、これまでの人々の多様な経験と知識、そして互いの違いを認め合い理解し合うことから生まれています。

しかし、これらの中には「昔からこのやり方だったから」「これが普通のはずだから」と理由がはっきりしないまま信じ込まれ、少数派の人々を排除してできあがってしまった固定観念《こていかんねん》も存在しています。

なぜ、人は固定観念《こていかんねん》に縛られてしまうのでしょうか？

それは、いつも同じ考え方や習慣で生活を続けるほうが楽だからです。本来は守らなくても信じなくてもいい固定観念《こていかんねん》を捨てて、新しい考え方を取り入れるには、時間も労力も必要です。

でも、時として固定観念《こていかんねん》が、優《すぐ》れたアイデアや解決策《かいけつさく》の誕生を妨《さまた》げることもあります。

そうであるならば、今までの考え方を見直したほうがよいのかもしれません。

例えば、「ラーメンとは、作ったスープに茹《ゆ》でた麵《めん》を入れる料理」という固定観念《こていかんねん》。第二次世界大戦後《だいにじせかいたいせんご》、安藤百福《あんどうももふく》さんという人は

「安くて長く保存もでき、お湯を注ぐだけで完成するラーメンができないものか？」と寝る時間を惜しんで研究に没頭《ぼっとう》しました。

乾燥麺《かんそうめん》を作るために、いろいろと試していたとき、天ぷらを作る様子を見て、「油で揚《あ》げて麺《めん》の水分を抜く」という驚《おどろ》くようなアイデアにたどり着きました。

麺《めん》をただ干して乾燥《かんそう》させるのでなく、熱い油で揚げることで、湯をかけたときに麺《めん》の食感《しょっかん》もやわらかくなります。結果、「インスタントラーメン」が開発されたのです。

この例は、当時の「ラーメンとは飲食店で食べるべきもの」という固定観念《こていかんねん》からも離《はな》れ、家庭で手軽に食べられる食品へと工夫したことによって、成功を収めたことを示しています。

安藤百福《あんどうももふく》さんは、戦後の混乱期にお腹をすかせた人々が町にあふれていたのを見て、誰もが簡単に食べられる食品作りを目指していました。実際、常温で安全に保存でき、お湯を入れてからわずか数分で完成するインスタントラーメンは現在、日本だけでなく世界中で重宝《ちょうほう》されています。

このように、私たちを縛る固定観念《こていかんねん》から一度離れてみたり、発想を転換《てんかん》したりすると、新しいアイデアが生まれることはたくさんあります。

自動車の運転席についているカーナビもまた、分かりやすい例でしょう。

カーナビとは、その車が目指している目的地までの道順を教えてくれる「カーナビゲーションシステム」のことです。カーナビが初めて登場したとき、多くの人は「紙の地図があれば十分」「運転中にこんなものを使う必要はない」と思っていました。

しかし、実際にカーナビを使ってみると、自分の車が今どこを走っているのかひと目で分かり、見知らぬ場所に行くときでも迷わず到着できる便利さが多くの人に認められ、今では車についていて当たり前の存在となっています。

カーナビが受け入れられたのは、「地図を見るだけで十分」とする固定観念《こていかんねん》を手放し、新しい発想を取り入れたからこそです。

大切なのは、一人ひとりが固定観念《こていかんねん》にしばられず、色々な考え方や多様な視点を持つことです。

「当たり前」だと信じてきたものを、時には疑ってみる。「こうなれば便利だけど、できっこない」と最初からあきらめない。すると、良いアイデアが生まれる可能性はもっと広がります。そして、そのアイデアが社会の問題を解決したり、みんなが暮らしやすい世界を作ったりすることにつながります。

バリアフリーの考え方も、発想の転換《てんかん》の一つです。

以前は、階段《かいだん》や段差《だんさ》があることが当たり前と考えられていました。けれども、車いすの人やベビーカーを使う人、高齢者など、移動が難しく感じる人々の目線になって考えることで、スロープやエレベーターの設置が進みました。

このように、異なる立場の人々のことを想像し、社会の「当たり前」を見直すことで、誰もが暮らしやすい環境を創《つく》り出すことができます。

固定観念《こていかんねん》をなくすと見える、明るい未来

発想の転換《てんかん》によって、あなた自身はどう変わるのでしょうか？　あなたに大きな良いことをもたらしてくれるポイントをまとめてみました。

1　将来の可能性が広がる

「私は運動が苦手だから、スポーツは向いていない」と考えている人はいませんか？　もちろん、練習をたくさんして、苦手を克服《こくふく》する方法もあります。でも、スポーツは運動が得意な人だけがするものなのでしょうか？

考え方を変えると、「運動が苦手な人でも

楽しめるスポーツ」を見つけて楽しんだり、新しいスポーツを考えついたりするなど、新しい発見と出会えるかもしれません。

スポーツだけでなく、勉強にも似たようなことが言えます。

「テストでいい点が取れなかったから、もう勉強したくない、もう先生に会いたくない」と嘆《なげ》いている人は、「次はもう少し点数を伸ばしたいな。なら、先生から逃げるのではなく、先生に勉強のコツを教えてもらいに行かなくちゃ」と前向きに考えてみるのもいいですね。

2　互いを理解し合う

意地悪《いじわる》なことをしてくる人がいたとして、「あの人はむかつく」と思うのは自然な感情だと思います。

そのとき、できれば「あの人は、なぜあんな行動をするのだろう？」と相手の立場になって考えてみましょう。すると、その人が困《こま》っていたり、悩んでいたりすることに気づくかもしれません。「普通に話しかけるのが恥ずかしいので、意地悪《いじわる》なことを言ってしまう」「自分のできないことを楽にこなしていて、うらやましいからつい意地悪《いじわる》したくなる」など、その人なりの理由が分かると、意地悪《いじわる》をやめさせるヒントになります。

自分の感じている怒りや不安は、そのままで良いのです。

その気持ちを大切にしながら、少し見方を変えて相手のことも考えてみると、互いの気持ちが少しずつ分かり合えるきっかけになるでしょう。

3 問題を解決する力が上がる

宿題が多くて困《こま》っているとき、宿題の量ばかり気になって、暗い気持ちになりがちです。そこで、「どうすれば上手にできるだろう?」と見方を変えてみましょう。「友達と協力し、分担《ぶんたん》して調べ物をすると早く終わるな」「計画表を作って、毎日やる分を決めておこう。1日分終えるたびに丸をつけると、ちゃんと進んでいく様子が分かって気合が入る」などといったアイデアが浮かぶかもしれません。

ここで紹介したいのが有名な科学者、アルバート・アインシュタインさんです。アインシュタインさんといえば、相対性理論《そうたいせいりろん》という難しい話で知られています。

彼の良く知られた業績《ぎょうせき》の一つである特殊相対性理論《とくしゅそうたいせいりろん》は、それまで信じられていた「時間はどこでも同じように流れていて、変わらないもの」という常識をひっくり返す発想から生まれました。

彼は16歳の時に

「もしも光の速さで移動する『光線』に乗ったら、光はどのように見えるだろうか？」

という面白いことを考えてみました。

この発想から、時間や空間はみんなにとって同じように流れているわけではなく、人や動き方によって変わることがあるという「相対性《そうたいせい》」に気づきました。例えば、光の速さで飛ぶロケットで宇宙に行った人と、地球にいる人では、時間の流れがちょっと違います。ロケットに乗っている人の時間は、地球にいる人よりゆっくり進むのです。これは、まったく新しい理論であり、今の物理学《ぶつりがく》の基礎となりました。

アインシュタインさんが相対性理論を思いついたのは、通常の人と違って天才だったからでしょうか？

彼が成果を残すことができた理由のひとつに、彼の言葉「想像力は、知識よりも重要である」にあります。

では、「想像力」とは何でしょう？

想像力とは、経験していないことや現実にはまだ存在しないことを、頭の中で思い描く力です。例えば、目の前にないものや、これから起こるかもしれない未来をイメージする力を指します。想像力があることで、「もしこうしたら、どうなるだろう？」と新しい考えや方法を生み出すことができます。

一方で、知識は過去に得た情報や経験をもとにしたものです。もちろん知識も大切ですが、そこに想像力が加わることで、知識を活用して問題を解決したり、新しいアイデアを生み出したりできます。アインシュタインさんは豊富な知識だけでなく、想像力によって今までの枠組みを取り外し、未来を切り開くことができたのです。

このように、想像力は「まだ誰も知らない可能性」を広げる力を持っています。それこそが、彼が多くの業績を残す原動力となったのです。

「もし1時間で世界を救えと言われたら、私は最初の55分を『何が問題なのか』をしっかり考える時間に使い、残りの5分で『どうやって解決するか』考えるよ」

とも話していたアインシュタインさん。

問題を解決したいときは、すぐに答えを探すのではなく、まず想像力を働かせてその問題をいろいろな角度からじっくり見てみることが大切だということです。

「なぜこの問題が起きているのか？」「別の見方をすると、どんな解決方法《かいけつほうほう》があるだろう？」と、固定観念《こていかんねん》にとらわれず考えていくと、より良い解決方法《かいけつほうほう》が見つかるかもしれません。

想像する力、思いつく力、考える力は鍛《きた》えられる

では、どうすれば私たちは発想を転換《てんかん》できるようになるのでしょうか？ 具体的な方法をいくつか挙げて説明します。

1 「なぜ？」という問いを5回繰り返してみる

例：「宿題が多くて困っている」
なぜ困る？ ↓ 宿題を片付けるための時間が足りないから
なぜ時間が足りない？ ↓ 部活動があるから
なぜ部活動を減らせない？ ↓ 試合が近いから
なぜ試合が気になる？ ↓ チームのみんなに迷惑をかけたくないから
なぜそう思う？ ↓ みんなとは一緒に頑張ってきたから

こうして考えていくと、本当の問題点が見えてきます。

「一番大切にしたいのは、部活動で一緒にやっているみんなの気持ちだったのか。では、部活動以外の時間をやりくりして、宿題を片付けていこう」といったように、時間の使い方、何を先にするかの順番がはっきりしてきます。

さらに、「なぜを5回繰り返す」ことで、モヤモヤした気持ちがスッキリする効果もあります。自分の中にある本当の気持ちや問題の根っこに気づくことで、「あ、こうすればいいんだ！」と前向きな気持ちになれるのです。この方法は、日常生活のさまざまな場面で使える、とても便利な考え方です。

「朝起きるのが苦手」という悩みがあるなら、「なぜ朝起きるのが苦手なのか？」「なぜ夜更かししてしまうのか？」「なぜ、朝は眠気がなかなか消えないのか？」などと、5回「なぜ」を繰り返してみましょう。そうすると、「夜更かししてしまうのは、寝る前にスマートフォンを見ているから」「二度寝するから、もっと眠くなるのか」というように、本当の原因が見えてくるかもしれません。

2　反対の立場で考えてみる

例：「授業中、隣の人がずっとおしゃべりしてイライラする」

授業中におしゃべりするのはマナー（決まり）に反することです。それはみんな知っているはずなのに、おしゃべりしている人がいるなら、その人の立場になって考えてみましょう。

「どうして先生の話を聞こうとしないのか？」「うるさくて周りに迷惑をかけているのに気づいていない？」と探ってみるのです。もしかしたらすでに授業の内容が分からなくて、不安な気持ちを紛らわすためにおしゃべりをしているのかもしれません。「いい成績をとっても、どうせ誰もほめてくれない」と思い込んでいるのかもしれません。授業の内容で分からないところを友達に聞いていて、自分では小さな声で話しているつもりが大きな声になってしまっているかもしれません。

聞こえない私の場合、授業中に友達と話していると、「授業中なのにおしゃべりをしている」と誤解されることがありました。でも実は、授業の内容をその場で確認し合っているだけだったのです。

このように、一見《いっけん》マナーが悪く見えることでも、その人なりの理由があることが多いのです。相手の立場に立って考えることで、「なぜそうするのか」が分かり、より良い解決方法が見つかるかもしれません。

3　制限を気にしないで考えを広げてみる

「今の環境では、コレがたりないからアレができない」とあきらめてしまったことはありませんか？　しかし、何でも思いどおりにできる人は、ほとんどいません。それでも、目標を達成している人は確かにいるのです。

そこで、「もしもお金が限りなくあったら？」「もしも時間がたくさんあったら？」と制限を考えないで思い描いてみてはどうでしょう。制限をかけずに考えたり、大きな夢を思い描いたりすることで、自分が本当にしたいことが見えてくるかもしれません。

そこから逆に、「では、今ある道具や時間を工夫して使って、どこまでできるだろう」と考えていくと、目標に近づく上手なヒントが見つかるのではないでしょうか。

私の場合、「聞こえないから音楽は楽しめない」と最初は思っていました。でも、「聞こえなくても音楽を楽しめる方法はないかな？」と想像してみました。すると、「体でリズムの振動を感じる」「歌詞を読んで想像する」「ダンスで表現する」など、いろいろな楽しみ方が思いついたのです。「聞こえない」という制限にとらわれずに考えることで、新しい可能性が見えてきました。

4　上手な人の方法を真似してみる

人の良いところを真似することに抵抗がある人は、もしかしたら「真似」と「パクリ」を同じように考えていませんか？

「真似」は、ほかの人の考えや動作の良いところを、じっくりと学んで自分のものにしていくこと。「パクリ」は、表面だけをまねて、あたかも自分が考え付いたかのように見せることです。人の良いところを見つけて、自分でよく考えて取り入れるのは、決して悪いことではありません。

「テストで良い点を取る人は、どんな勉強方法をしているんだろう？」「みんなを上手にまとめる人は、周囲にどう声をかけているんだろう？」と、周りの人をお手本にして真似してみると、自分も成長できます。

私の場合、「勉強ができる人は、どうやって授業を理解しているのかな？」「家でどのように復習しているのかな？」と観察し、上手なノートのまとめ方を知りました。そこで学んだことを、自分に合うように工夫してみたところ、学校の成績が上がりました。

気になる人たちを観察してみてください。そして、自分に合うやり方を素早く見つけ、実際にやってみましょう。

5　「だけ」「しか」「ばかり」という言葉を取り除く

物事がうまく進まなかったとき、つい自分にイライラしてしまい、こんな風に考えてしまいます。

「私には、これ〝しか〟能力がない」

「私〝だけ〟つらい思いをしている」

「私〝ばかり〟損をしているのでは」

多くの愚痴に、「だけ」「しか」「ばかり」という言葉がふくまれています。

そこで、この三つの言葉を消して、愚痴を前向きなヒントに変えましょう。

いくつか例を挙げてみます。

「小さな力〝しか〟ない」↓「小さくても、そこには確かに一つの力がある。この力、どうやればうまく使えるか考えよう」

「成功した経験はこれ〝だけ〟」↓「成功したときの喜びをすでに知っているし、成功経験が少ないほど、次に成功したときの喜びは誰よりも強い」

「失敗〝ばかり〟している」↓「たくさん挑戦している私には、それだけ経験がある。失敗して落ち込んでいる友達に、共感して寄り添えるやさしさもある」

問題を解決したくても行き詰ったとき、新しいアイデアが必要なとき、人との関係で悩んでいるとき、自分の可能性を広げたいとき、このように考え方を変えると、心の大きな支えとなります。

一周まわって三つの言葉を味方にし、「この世界には、私〝だけ〟〝しか〟できない、すてきなこと〝ばかり〟!」と気持ちが整《ととの》ったら、自然と行動が変わってくるはずです。

困っている人を助けたいときはどうする？

「困《こま》っている人を見たら助けましょう」
このことばを、聞いたことがあるかもしれません。
でも、実際には助けられないことも多いのはなぜでしょうか？　もしも「助けたい」と思う気持ちはあるのに、なかなか行動に移せなかったら？

うまく助けられない理由を考えてみましょう。

行動に移せない理由：
1　気づいていない
・本当は困《こま》っている人がいるのに、見過ごしてしまう
・「困《こま》っているのかな？」と判断に迷ってしまう

2　気恥ずかしい

・「いつもと違う行動をして、目立ちたくない」と思ってしまう
・「変に思われるかも」と、助けた後の自分が心配になる

3　あきらめている

・「私なんかが助けても、役に立たない」と、自分の力を小さく考えている
・「私が手を貸したところで解決できない」と、問題が大きいと考えている

4　自分が助けなくてもいいと思っている

・「私がやらなくても、きっと誰か他の人が助けてくれるだろう」と他人任せにしてしまう

5　自分も困《こま》るのが怖い

・「助けようと関わったら、今度は自分が困《こま》るんじゃないか」と心配になって助けられない

6　「大したことではない」と思い込む

・「そんなに困《こま》っているようには見えない」「困っているはずがない」と自己判断して終わらせてしまう

「大したことではない」と思い込むことは、自分にとって都合のよい解釈《かいしゃく》をして、気持ちを落ち着かせようとする心理的な働きであり、心理学では「正常性《せいじょうせい》バイアス」と呼ばれています。学校で、避難訓練日ではないのに非常ベルが鳴り、「平和な学校で事件なんておきるはずがない。きっと避難訓練かいたずらだ」と思い込み避難が遅れてしまうのも、正常性《せいじょうせい》バイアスによるものです。

学校では、いじめられて困《こま》っている人の話をよく聞くでしょう。例えば、クラスの友達がいじめられているのを見かけたとき、「助けたら今度は自分がいじめられる」と思ったり、「そんなに深刻な問題じゃないかも」と思い込んだりして、見て見ぬふりをしてしまうことがありませんでしたか？

でも、ここで発想の転換《てんかん》をしてみましょう。
まず、「これは良くないことだ」と感じている自分の気持ちに正直になることが大切です。その気持ちを、信頼できる友達や先生に話してみるのはどうでしょうか。
「友達がいじめられているのを見て、とても心配なんです」

「こういう状況をなんとかしたいと思うんですが……」
といった相談をするのです。

自分だけで解決するのが難しい問題は、たくさんあります。そんなときは一人で抱え込まず、少しずつ相談できる人を見つけていくことで、解決への小さな一歩を踏み出すことができます。

確かに、最初は勇気が必要です。でも、あなたが感じている「これは良くないことだ」という気持ちは、とても大切なものです。その自分の気持ちに気づいたら、自分を信じて、できることから少しずつ始めていきましょう。

大切なのは、一人で解決しようとせず、必ず誰かに相談すること。そして、自分自身の安全も考えることです。

学校には「スクールカウンセラー」という相談の先生がいたり、学校の外にも電話やメールで「いじめ相談ホットライン」といった窓口があったりします。秘密を守りながら相談できるので、これらを利用するのも一つの方法です。

また、一人では難しくても、みんなで力を合わせれば新しいアイデアが生まれます。

例：

- 「困ったときは、すぐ近くの友達と助け合おう」という決まりを作る

- 自分の考えを紙に書いてこっそり入れられる「相談ポスト」を設置する

いじめ問題の場合、いじめっ子は「いじめているつもりはない。かまって遊んであげているだけ」などと言いがちです。

しかし、次のような事実を知ってもらい、行動をあらためてもらうことが大切です。

- いじめられている側が苦痛《くつう》を感じていること
- まわりから見てもいじめっ子は印象《いんしょう》が悪いこと
- 人をいじめていた過去が、将来出会う人にまで伝わる可能性もあること

いじめる側もいじめられる側も、互いの気持ちを理解し合えれば、いじめ問題は解決に向かうかもしれません。

社会の仕組《しく》みは、私でも変えられる

いじめを解決するためには、たったひとりでいじめっ子と向き合うのではなく、「みんなの力を借りる」「いじめっ子に、自分の立場を気づいてもらう」などの方法を使うことが大事です。こうしたとき、「発想の転換《てんかん》」が解決のポイントになることがあります。

私たちの世界には、いろいろな人がいます。考え方や生活習慣《せいかつしゅうかん》が違う人、話す言葉が違う人、体の特徴《とくちょう》が違う人など、みんなそれぞれに違いがあります。

しかし、「これは、もっとこうしたらよくなる」というアイデアは、ひとりひとりの違いに関係なく、多くの人に応援されることが良くあります。

そのもとになるのが、「互いの違いを大切にする」ことです。

なぜなら、互いの違いを認め合うと、みんなが自分らしく過ごせる社会になるからです。

そうして、一人ひとりの気づきが社会に取り入れられると、次の新しいアイデアも受け入れられやすくなる流れが生まれます。

さらに、いろいろな視点や考え方があることで、もっと良いアイデアが生まれる可能性も広がるのです。

電話を誰一人残さず使えるようにするために

具体的な例として、「電話リレーサービス」という仕組みについてお話しさせてください。

これは、聞こえない人や聞こえにくい人が、聞こえる人と電話で会話できるようにするサービスです。

- 救急車を呼びたいとき
- 病院に予約の電話をしたいとき
- 宅配便の再配達を頼みたいとき

など、私たちの生活では電話が必要な場面がたくさんあります。でも、聞こえない人や聞こえにくい人の中には、電話越しの音声を聴きとることが難しく、これまでは電話を使うことができない人がたくさんいました。

電話リレーサービスでは、通訳者が間に入ります。通訳者は、話している人の声を手話や文字に変え、また聞こえない人や聞こえにくい人の手話や文字を声に変え、会話をつなぎます。

でも、聞こえる人たちの多くは、電話リレー

サービスを「自分には必要ないもの」「自分たちとは関係のないもの」と考えがちです。なぜなら、聞こえなかったり、聞こえにくかったり、声を出さずに手話を使ったりする人たちは、全世界の人口からすればごくごく少数だからです。

電話リレーサービスがどれほど価値のあるものか、多くの人たちが気付かないままでした。そして電話リレーサービスのことを知らない人たちが「こちらは電話リレーサービスです」と言われると、「リレーって何？　本人が話していないの？」などと誤解し、電話を切ってしまうこともあるのです。

電話リレーサービスが開始された当時は、民間の会社によって運営されていて、利用時間に制限がありました。でも私は、「聞こえない人や聞こえにくい人が困ったときに、いつでも使えるようにしたい」と思いました。そして、多くの人にこのサービスを知ってもらうためには、国が運営するサービスにする必要があると考えました。そこで、同じ思いを持つ仲間たちと一緒に、署名活動や講演を続け、多くの人たちの賛成を集める努力をしました。

聞こえない人や聞こえにくい人たちが、「聞こえない生活では、こんな不便がある」

「電話リレーサービスがあれば、これだけ生活がよくなる」と多くの仲間たちと伝え続けることで、聞こえる人たちにも共感してもらえたのです。

その結果、2021年から電話リレーサービスは国が運営するサービスとなり、今では24時間365日、いつでも利用できるようになっています。

みなさんも、学校や友達との関係の中で、「こうすればもっと良くなるのに」と思うことはありませんか？

・外国から来た友達が授業に参加しやすくなる工夫
・誰もが楽しめる行事の企画
・車いすの人も使いやすい施設づくり

こういった「気づき」が、新しい社会システムをつくる始まりになるかもしれません。

大切なのは、その気づきを実現するために、気づいたあなたが行動を起こすこと。

たとえ小さな一歩でも、それが大きな変化につながっていくのです。

あなたにとっての「発想の転換《てんかん》」は？

さて、ここまで「発想の転換《てんかん》」について考えてきました。

固定観念《こていかんねん》から抜け出すこと、いろいろな角度から物事《ものごと》を見ること、新しいアイデアを生み出す考え方を育てること、そして多様性《たようせい》（詳しくは第二章のコラム「多様性について」を見てください）を尊重することの大切さを学べたと思います。

ではここでみなさんも、自分のこととして考えてみましょう。

1　逆さま地図を見て、『当たり前』だと思っていたことが、実は『当たり前』ではないかもしれないと感じましたか？

例えば、私たちが普段見ている地図は、世界の見方の一つに過ぎません。地球儀《ちきゅうぎ》や古い時代の地図を見ると、世界のとらえ方は時代や場所によって様々だったことが分かります。

2　学校生活で「当たり前」だと思っている方法や習慣を、いくつか挙げてみましょう。

それらを別の角度から見るとどうなりますか？　別の学校に通う友達や、海外に住んでいる人の目線に立って想像してみましょう。

3　イソップ物語『ウサギとカメ』は、「足の速いウサギと足の遅いカメが競争したところ、ウサギが油断して途中で休憩したためカメが勝つ」というストーリーです。

自信満々なウサギをいましめる話ではありますが、きっとウサギにもいいところがあるはず。ほめるとしたら、どんなところをほめられると思いますか？

4　「みんなが使いやすい」と言われているものの中で、「自分としては使いにくい」と感じるものはありますか？

それはどうしたらより良く変えられそうですか？

5　あなたの町や学校で「こうなったらいいな」と思うことは何ですか？

それを実現するために、どんなことができそうですか？

これらの質問について、友達や家族と話し合ってみてください。きっと、新しい発見があるはずです。

「新しいことがあまり思い浮かばなかったな」という人には、日頃からいろいろな分野の情報に触れていくことをお勧めします。

今まで知らなかった知識や考え方、見方を刺激《しげき》にして、「この部分は参考になるから覚えておこう」「私だったら、こうするかもしれない」と自分なりの感想や意見をまとめておくと、発想の転換《てんかん》がしやすくなるはずです。

そうしてたどり着いた発見やアイデアをもとに、少しずつでも行動してみましょう。

「いつか誰かが私を変えてくれるのを待つ」から「私が自分を変え、自分から動く」へ。

考え方だけでなく姿勢も転換《てんかん》できれば、あなた自身が世界を変えるきっかけになるかもしれません。

世界を変えるような大きなアイデアも、最初は誰かの小さな「気づき」から始まったのです。

あなたの「気づき」が、みんなの未来を明るくする第一歩になりえることを、どうか忘れないでください。

第5章

挑戦しよう！新しい一歩へ

日常生活では、いろいろな経験があなたを待っています。うまくいくこともあれば、思い通りにならないこともあるでしょう。でも、どんな経験も、きっとあなたの大切な成長のもとになるはずです。

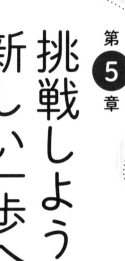

一歩を踏み出す勇気《ゆうき》が、新しい扉を開く

「テストで思うような点数が取れなかったらどうしよう」

「スポーツで上手くプレーできるかな」

「自分の意見を言って、友達と違っていたら…」

「部活動の大会で、自分のせいで負けてしまったらどうしよう」

「合唱コンクールで、うまく歌えなかったらどうしよう」

「スポーツで失敗したら、みんなに笑われるかも」

こんな風に思ったことはありませんか？


新しいことや苦手なことに挑戦するとき、誰でもドキドキします。正直、うまくいかないかもしれないと思うと、できるだけ避《さ》けたくなりますよね。

でも、その経験には大切な意味があります。

例えば、以下のように考えてみてはどうでしょうか。

「テストで思うような結果が出なかったとき、次はこうしてみよう、と新しい勉強方法を見つけられた」

「スポーツで思い通りにいかなくても、練習を重ねることで少しずつ上手くなってきた」

「自分と違う意見を聞くことで、新しい考え方に出会えた」

このように、一歩を踏《ふ》み出すことで、私たちは成長していきます。


私が小学生や中学生だったころ、聞こえないので授業での発表がとても怖《こわ》かったです。「うまく話せないかもしれない」と不安でした。でも、先生や友達に相談して、いろいろな方法を試してみました。
- 身振り手振りを使う
- 大切な言葉は紙に書いて見せる

失敗することもありましたが、その経験から自分に合った方法を見つけることができました。

発想を変え、新しい視点《してん》で物事《ものごと》を見ることで、今までとは違う方法や新しい道が見つかることがたくさんあります。

例えば、自転車の乗り方を覚えたときのことを思い出してください。最初はバランスのとり方が分からず、何度も転んだことでしょう。でも、転ぶたびに「こうすれば転びにくい」というコツを学んでいきましたね。そしてついに、ある瞬間《しゅんかん》から急にスイスイと乗れるようになるのです。

発明家として有名なトーマス・エジソンさんは、電球を作るのに1年以上もかかりました。そして、1万回近くの試作を重ねました。

電球の中の光る部分（芯）にはどんな材料が一番いいのか、いろいろな金属、綿の糸、人の髪《かみ》の毛、竹の繊維《せんい》など、たくさんの物を試しました。が、エジソンさんは「これは失敗ではない、『この方法はダメだ』と分かっただけだ」と前向きにとらえていました。

そして最後に、竹を特別な方法で加工したものが一番いいと発見したのです。この発見により、長時間使用できる実用的な電球が誕生しました。

だから、もしあなたが失敗しても心配しないでください。

うまくいかない経験には、自分の考え方を大きく変えてくれる力があります。たくさんの時間を使い、たくさん努力した後でうまくいかないと、きっとがっかりしてしまうでしょう。でも、それは同時に、いろいろな考え方や別のやり方が一番いい答えなのだと気づくきっかけにもなっているのです。

とくに、「これが絶対に正しい」と思い込んでいたことや、「こうするしかない」と固く信じていたことが、新しい経験をきっかけに変わり、思いがけない発見につながることもあります。

強くしなやかな気持ちの育て方

私たちは、新しい経験をして、様々な気づきを得ることができます。時間をかけて準備したことが良い結果につながったり、思いがけない失敗から新しいアイデアが生まれたりする、そんな一つ一つの経験が、あなたらしい考え方や工夫を育ててくれるのです。

「レジリエンス」という言葉、あまり聞きなじみがないかもしれません。

レジリエンスとは、困難に立ち向かい乗り越えていく力のことで、私たち誰もが持っているものです。転んでも立ち上がって歩き続け、悲しいことがあっても友達と話して元気を取り戻す。日々の生活の中で、あなたは既にレジリエンスを発揮しているはずです。

みなさんの日常生活でも、この力は必要ですよね。例えば、こんなときです。

- テストで悪い点を取って落ち込んでも、次は頑張ろうと思える
- 運動会のリレーで転んでしまっても、また練習をやり直せる
- 友達と喧嘩《けんか》をしても、仲直りしようと声をかけることができる

大人になると、直面する問題がもっと複雑になっていきます。よりたくさんの困難が

待ち受けているのです。

でも心配はいりません。私たちの中にあるレジリエンスは、経験を重ねることでより強く、しなやかに育っていくものだからです。

私たちはみんな、レジリエンスが備わっています。その力をより発揮《はっき》できるよう、新しいことに挑戦するときの大切なステップを3つ紹介します。

ここで紹介するのは、みんなの経験から集めたアイデアです。自分に合うものを、自分のペースで試してみてください。

〈新しいことに挑戦するための、3つのヒント〉

1　準備を楽しむ

新しいことを始める前の準備は、わくわくする時間です。この時間を使って、自分なりの進め方を考えてみましょう。いざ行動へ移す前に、やれることはやって、万全の態勢を整えておきましょう。ちょっとした準備を済ませておくだけで、目標達成までの道のりがぐんと短くなったり、失敗を防ぐことができたりします。

◆いろいろな方法を知る情報を集める

例えば・・・

・図書館で本を探してみる

・インターネットで調べてみる

・経験のある人に話を聞いてみる

◆自分なりの計画を立てる

例えば・・・

・カレンダーに予定を書き込んだり、一日の時間割を決めたりする

・できること（やること）リストを作る

◆必要なものを集める道具を用意する

例えば・・・

・道具や材料を用意する

・服装など、自分に合うものを調べておく
・練習する場所を探す

◆事前にやっておく

例えば・・・
・合唱コンクールで新しい曲に挑戦するとき、まず楽譜をよく読んで、音源を何度も聴き、少しずつ練習しておく

2　自分のペースを大切にする

挑戦に夢中になると、つい焦ってしまうことも。でも、あなたには、あなたらしい進み方があるはずです。

◆無理のない範囲で

・体調が悪いときは休む
・できないときは素直に認める

・小さな目標から始める（例：最初は30分だけ）

◆**安全に気をつける**

・安全な場所を選ぶ

・必要な用具を使う

・周りに気を配る

◆**力を借りる**

・先生や友達に相談する

・家族にアドバイスをもらう

・分からないことは誰かに質問する

3　経験を大切にする

挑戦の過程で気づいたことを記録しておくと、次の挑戦に活かせる大切なヒントになります。

◆良かったことを見つける

・できるようになったこと、うまくいった方法に気づく
・新しい発見を得る

◆考えたいことを見つける

・もっと工夫できると思うことを探す
・予想外だったこと、気づかなかったことを発見する

◆次に活かせることを考える

・試してみたい方法を思いつく
・変えてみたいことを挙げてみる
・さらに新しいアイデアを出してみる

なお、これらは単なる例であって、「こうしなければならない」というものではありま

せん。あなたなりの方法で、あなたらしく挑戦していくのが大切なのです。
また、挑戦《ちょうせん》が終わった後、「自分はよくやった」と自分自身をほめてあげることも大切です。たとえうまくいかなかったとしても、挑戦したこと自体が、あなたの大きな成長につながります。

例えば、私は小学校3年生のとき、つらい経験をしました。

休み時間の鬼ごっこで、みんなの会話が聞こえないため、「今は誰が鬼なのか」「どこまでが遊ぶ範囲なのか」がわかりませんでした。そのため、ルールと違う動きをしてしまい、クラスのみんなから「自分勝手な子」と誤解されてしまったのです。

たたかれたり、けられたり、かげで悪口を言われたり……。毎日が怖《こわ》くて、学校に行きたくありませんでした。でも、そんな中でも私は学校に通い続けることができました。

なぜでしょう？

それは、私の気持ちを分かってくれる人がいたからです。親しい友達は、私が聞こえないことを理解してくれて、鬼が誰かを教えてくれました。両親も毎日、私の話を聞いてくれて、「あなたは何も悪くない」と励ましてくれました。

辛い気持ちを誰かと分かち合えるだけで、心の重さは半分になったような気がします。「私のことを理解してくれる人が一人でもいる」という事実が、どれだけ心の支えになったことでしょう。

このとき私は大切なことを学びました。

- つらいときは、一人で抱え込まない
- 自分の気持ちを正直に話せる人を見つける
- 小さな理解や支えが、大きな力になる

そうして、私は自分なりの工夫を少しずつ始めました。

- 今からどういう遊びをするのかを事前に確認する
- わからないことは、遠慮せずすぐに質問する
- 自分の聞こえない状況を、できるだけみんなに伝えるようにする

今振り返ると、この経験は私のレジリエンスを育ててくれた大切な出来事だったと思います。

誰かを頼ることは、決して恥ずかしいことではありません。むしろ、それは新しい解決方法を見つけるための第一歩なのです。

挑戦《ちょうせん》から学び、次のステップへ

私たちには誰でも、困難を乗り越える力が備わっています。転んでも立ち上がって歩き続けたり、悲しいことがあっても友達と話して元気を取り戻したり。そうやって毎日の生活の中で、その力は少しずつ育っているのです。

発明家のエジソンさんは、こんな大切な言葉を残しています。

「大切なのは、何もしないことではなく、挑戦《ちょうせん》することです」

これは、エジソンさんならではの言葉です。誰よりもたくさんの実験を重ね、その経験から多くの発明を生み出したからこそ、説得力があります。


私が小学4年生のとき、夏休みの自由研究で面白い挑戦《ちょうせん》をしました。

「毎朝食べている納豆《なっとう》を、自分で作ってみよう！」

と考えたのです。

本で調べると、作り方は簡単そうに書いてありました。
1　大豆を洗って水につける
2　やわらかくなるまで煮る
3　わらでくるむ
4　暖《あたた》かい場所で温《あたた》め続ける
「これなら私にもできそう！」と思って始めたのですが、がっかりしました。何度やっても、納豆《なっとう》のあのネバネバした糸が出てこないのです。

でも、あきらめずにいろいろな工夫を試してみました。

- わらの長さを変えてみる
- 温《あたた》める温度《おんど》を少しずつ変える
- 温度《おんど》を調整してみる

20回以上も失敗を重ねて、夏休みも終わりに近づいてきました。「もう無理かも」と不安になりましたが、それでも毎日続けました。

すると、夏休みが終わる直前、ついに少しだけネバネバしてきたのです。「これだ！」とその方法を何度か繰り返すうち、ついに本物の納豆《なっとう》のように、糸を引くようになりました。

自由研究の提出は少し遅れてしまったのですが、先生は「自然界にある納豆菌を、たくさんの工夫と努力で見つけ出した」と私の研究を評価してくれて、入賞までさせていただきました。

この経験から、私は大切なことを学びました。
- 失敗を、あきらめる理由にしない
- 工夫を重ねれば、必ず道は開ける
- 毎日続けることで、小さな発見が大きな成功につながる

新しいことに挑戦するとき、きちんと準備をすることも大切です。ただやみくもに進むのではなく、少しずつ工夫を重ねながら進んでいくと、思いがけない発見につながることがあります。

そして、私は大人になった今でも、何か難しいことに挑戦《ちょうせん》するとき、この納豆《なっとう》作りの経験を思い出します。「今は上手くいかなくても、工夫を重ねれば、

きっと成功できる」——その気持ちが、私の原動力《げんどうりょく》になっているのです。

【注意】このような方法で作った納豆《なっとう》は、あくまでも研究用です。食べることはとても危険ですので、絶対に食べないでください。納豆《なっとう》を食べるときは、必ずお店で売っている安全な納豆《なっとう》を選びましょう。

一人一人の違いを大切にしながら

人と人との関わりは、時にむずかしく感じることがあります。

例えば、こんな経験はありませんか?

- 転校してきたばかりの友達と話すとき、緊張して早口《はやぐち》になってしまう
- 日本語以外の言葉を話すお友達に、難しい言葉を使いすぎてしまう
- 車いすの友達に「何か手伝おうか」と声をかけるのを遠慮《えんりょ》してしまう

・元気のない友達に声をかけたいけれど、どう話しかけていいか分からない

このように、仲良くなりたい気持ちはあっても、どう接すれば良いか迷うことは誰にでもあります。

第2章でお話しした「一人一人が違っていい」という考えは、とても大切です。でも、実際に周りの人たちとの違いを大事にしながら良い関係をつくっていくのは、簡単ではありません。

私の経験からいくつかヒントをお伝えします。

〈より良い関係を築くために〉

1　正直に伝える

相手の話が聞き取れないとき、つい「うんうん」と分かっているような顔をしながらうなずいてしまいませんか？　でも、「もう一度ゆっくり話してもらえますか？」と伝え

ましょう。相手との信頼関係が深まります。

私の場合、はじめは「自分が聞こえないことを伝えると、相手が困ったり、とまどったりするかも」と思って黙っていました。でも、そのためにかえって誤解が生まれることもありました。そこで、最初に「聞こえづらいので、少しはっきり話してもらえるとうれしいです」と伝えておくことにしました。すると、相手も快《こころよ》く協力してくれることが分かったのです。

2　一歩踏み出す

例えば、車いすの友達に「何か手伝えることある？」と声をかけるのを遠慮してしまう人がいます。「よけいなことだと思われないかな」「難しいことをお願いされたら、手伝えないな」といろいろ考えてしまうのかもしれません。でも、まずは声をかけてみましょう。

もし、そのとき「大丈夫」と言われても、「必要なときは遠慮なく言ってね」と伝えておくと、互いに安心できる関係が作れます。

3　違いを楽しむ

もしも、自分はおしゃべりが好きなのに、相手は静かな人だったとき。「どうして話を返してくれないんだろう」と悩むのではなく、「この人は、私の話をよく聞いてくれるんだ。だからこそ、私も思いっきり話すことに集中できるのか」という見方もできます。

人との関係で大切にしたいことは、いくつかあります。

まず、すぐに答えを出そうとしないこと。ほんの少しおしゃべりしたり、一緒の時間を過ごしたりしただけで、「この人はこういう人か」と決めつけるのは残念なことです。

そして、相手のペースを大切にすること。相手が静かな人なら、「好きなことや得意なことなら、話をしてくれるかな」といろいろな話を出していくのも良いですし、「本人はおしゃべりしていなくても、ずっと笑顔だから、この時間は楽しいんだな」と相手の様子を気にかけてあげてみましょう。

とはいえ、相手のペースにとことん合わせるのでなく、自分のペースも大切にしたいものです。相手も自分もここちよい関係を探して深めていくと、自然と互いの違いを楽しめるようになれます。

もちろん、友達との付き合い方に決まったルールはありません。「放課後のサッカーの時間だけ一緒に過ごす友達」「図書館で週1回会う友達」「メールでやりとりする友達」、どの関係も、かけがえのない大切なものです。小さなことから少しずつ、互いを知っていけたらいいですね。

みんなで創《つく》ろう、より良い未来

これまで、一人一人の違いを大切にすること、新しい視点で物事《ものごと》を見ること、様々な経験から学ぶことについて考えてきました。

最後に、あなたと一緒に考えてみたいことがあります。

〈一緒に考えてみよう〉

1　最近の経験を振り返ってみましょう

思い通りにいかなかった出来事はありましたか？
その経験から、新しく気づいたこと、行動できたことはありますか？

例：友達に強い言い方をしてしまった
　↓　相手の気持ちを考えて、やさしい言い方を心がけるようになった

2　友達を応援するとき、どんな言葉をかけますか？

友達が困《こま》っているとき、これから何かに挑戦するとき、あなたがかける応援の言葉は、きっと友達の心を明るくしてくれるでしょう。

例：
「私も似たような経験があるよ」
「次は一緒にやってみない？」

「その経験から、新しい発見があったね」

3　みんなと仲良く過ごすために、できることは何でしょう？

みんながうれしくなること、そしてあなた自身も一緒《いっしょ》にうれしくなれることを探しましょう。

例：

- 友達の得意なことを見つけて、それをもっと活《い》かせる場はないか、一緒《いっしょ》に探してみる
- 困ったり迷ったりしているとき、互いに助け合う
- それぞれのやり方を認める

4　周りの人と一緒《いっしょ》に、もっと楽しく過ごすには？

今すぐできる、ちょっとした身近なアイデアを探してみましょう。

例：運動が苦手な友達がいたら、運動の代わりに友達も参加できる遊びを提案してみる

↓「こんなゲームもあるよ。やってみない？」

5　今、やってみたいことはありますか？

明日やりたいこと、数十年先にやりたいこと、どんな夢でもかまいません。その夢に向かって、あなたは今、どんな準備ができそうですか？

例：

- 本で調べてみる
- 経験者に話を聞く
- 小さなことでも、今できるものから始める

これらの質問に、決まった答えはありません。一人で考えるのも、友達や家族と話し合うのも、どちらもすてきです。

そして大切なのは、考えることそのものなのです。

あなたの考えが、誰かの「そうだね！」につながるかもしれません。そして、その小さな「そうだね！」の積み重ねが、みんなの笑顔を増やしていくはずです。

私たち一人一人には、世界をより良くする力があります。

時には思い通りにいかないこともあるでしょう。でも、その一つ一つの経験が、きっと明るい未来につながっています。

さあ、一緒に歩んでいきましょう！

＊＊＊ エピローグ ＊＊＊

これからのあなたへ

この本を最後まで読んでくれて、ありがとう。

この本を通じて、あなたの心に何か響くものはあったでしょうか？

「自分の意見を伝える勇気」

「新しいことに挑戦する心」

「思い込みから一歩進んで考える力」

どれも簡単なことではありません。でも、少しずつ意識し、行動を変えていけば、あなたの世界はきっと変わります。


私自身、聞こえないことで何度も壁にぶつかりました。

そのたびに落ち込み、悔《くや》しい思いもしました。でも、その壁を乗り越える方法を見つけたとき、自分の世界が広がるのを感じました。

あなたが今、壁にぶつかっているとしても、きっと乗り越える方法があるはずです。


たとえうまくいかなくても、大丈夫。

挑戦したこと自体が、あなたの力になっています。そして、あなたの経験は、いつかほかの誰かを勇気づけるかもしれません。

私はTED×TIUのスピーチを通じて、多くの人に「挑戦する勇気」について語ることができました。そして、今回の本を通じて、さらに多くの人にメッセージを届けられることを嬉しく思っています。


「うまくいかなかった経験こそ、次のチャンスを生み出す種になる」

この言葉を忘れずに、これからもあなたらしく、前へ進んでいってください。

あなたの未来が、明るく輝くものでありますように。

伊藤芳浩（いとう よしひろ）
NPO 法人インフォメーションギャップバスター理事長
1970 年、岐阜県生まれ。生まれつき聞こえない日本手話を第一言語とするろう者。幼少の頃から、人と意思疎通を図ったり、情報を得たりすることの難しさを実感し、障害のある人が当たり前に参加できる社会を目指す。名古屋大学理学部を卒業後、大手総合電機メーカーにてデジタルマーケティングなどを担当する傍ら、情報やコミュニケーションのバリアをなくす活動を行い、行政や企業に提言を続けている。その一環として、法律や規格などの社会ルールを決める場に当事者の声を反映させることに尽力している。2024 年の TEDxTIU「UNSPOKEN」では、日本で初めて日本手話でスピーチを行い、勇気を持って一歩進むことの大切さを伝えた。著書に『マイノリティ・マーケティング』（ちくま書房）、『差別のない社会をつくるインクルーシブ教育』（共著、学事出版）がある。

だいじょうぶ！ — 勇気を出せば、世界はもっと広がる —

2025年4月25日 初版第1刷発行

著者 …… 伊藤芳浩
発行者 …… 津嶋 栄
発行 …… 株式会社日本経営センター（フローラル出版）
〒171-0022　東京都豊島区南池袋 1-9-18
GOGO オフィス池袋 250 号室
TEL　03-6328-3705（代表）
メールアドレス …… order@floralpublish.com
出版プロデュース …… 株式会社日本経営センター
編集協力 …… 吉田遊介、山本真紀
印刷・製本 …… 株式会社ティーケー出版印刷
カバー・本文デザイン …… 山本真琴（design.m）
イラスト …… オオイシチエ
DTP …… 有限会社マーリンクレイン

ISBN 978-4-910017-65-5　C0037